ドキュメント・ユニバーサルデザイン

自分らしく働きたい

だれもが自信と誇りをもって

清水直子
shimizu naoko

ドキュメント UD

大日本図書

クーラーの手《て》分解《ぶんかい》の講習。ていねいに分解《ぶんかい》して、中の金属《きんぞく》などを種類別に分けていきます。〈第一章〉

寄《よ》せ場《ば》のまちの中につくられた働く場「寿《ことぶき》クリーンセンター」。〈第一章〉

元野宿者と若者《わかもの》がいっしょに働く場「あうん」のリサイクルショップ。〈第二章〉

残った食品などから堆肥《たいひ》を作る「堆《たい》肥化《ひか》センターかんな」。〈第四章〉

山あいの町、群馬《ぐんま》県・神流町《かんなまち》を流れる、清流・神流川《かんながわ》。〈第四章〉

年始には、厚生労働《こうせいろうどう》省《しょう》の講堂《こうどう》も開放されました。〈131ページ、第五章〉

2008年の大晦日《おおみそか》から開村した「年《とし》越《こ》し派遣《はけん》村」に集まった人びと。〈130ページ、第五章〉

はじめに

「働く」ってどんなこと？

働くと聞いて、どんなことをイメージしますか。
毎日スーツを着て、満員電車に乗って会社に行くこと？
——会社に就職《しゅうしょく》するばかりが、働くことではありません。
いっしょに働く人たちは、みんなライバル？
——みんなで助け合って働くこともできます。
社長よりも社員の給料が安いのは、あたりまえ？
——社長のいない働く場もあります。
仕事なのだから、いやなことでもがまんする？
——今働いている場所を、働きやすく変えることもできます。
——働く場所は、自分たちでつくることもできます。
……ほんとうでしょうか？
——ほんとうです。

この本では、そんな「ほんとう」の話を紹介《しょうかい》していきます。第一章では、寄《よ》せ場《ば》のある町で暮《く》らす人たちのためにつくられた働く場を、第二章では、野宿《のじゅく》をしていた人たちが若者《わかもの》といっしょに働く場を紹介《しょうかい》します。どちらにも「社長」はいません。第三章では、障害《しょうがい》のある人もいっしょに働くために、本人と会社側と両方の手助けをする「ジョブコーチ」の仕事を紹介《しょうかい》します。

働く場は都会だけではありません。第四章では、「限界集《げんかいしゅう》落《らく》」とよばれる過疎《かそ》の町で、都会の人とつながりをもちながら、まちおこしをしていく取り組みを紹介《しょうかい》します。

また、第五章では、二〇〇八年末から二〇〇九年はじめにかけて、東京《とうきょう》に登場した「年越《としこ》し派遣《はけん》村」の村長を務《つと》めた人に、現在《げんざい》の「働く」しくみを支《ささ》えるセーフティネットの問題点を聞きました。

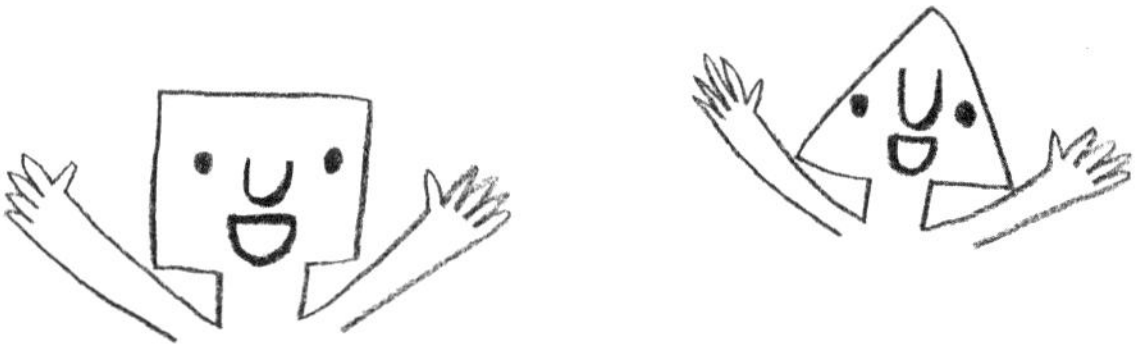

わたしは、フリーライターです。毎月決まったお給料があるわけではなく、出来高制《できだかせい》といって、自分が仕上げた仕事と引き替《か》えにその代金《だいきん》を受け取っています。なぜ、この仕事をするようになったのかといえば、学生時代に、取材をしてものを書く仕事をしたいと思って、新聞社や雑誌《ざっし》社の入社試験を受けたのですが、どこにも採用《さいよう》されなかったからです。

学生生活も残り少なくなったころ、「働くこと」をテーマにした卒業論文《そつぎょうろんぶん》の一部を、ある週刊誌《しゅうかんし》の編集部《へんしゅうぶ》に送ったところ、親切な編集者から「原稿《げんこう》を拝見《はいけん》しました。こうしたらいいと思う私の意見を送ります」という手紙と、鉛筆《えんぴつ》書きの美しい文字で、的確《てきかく》な指摘《してき》がびっしり書きこまれた原稿《げんこう》がもどってきました。原稿《げんこう》を書き直して送ると、「もうひと息です」という手紙と、さらにいくつかの書きこみのある原稿《げんこう》が返ってきました。

大学を卒業《そつぎょう》する直前、生まれてはじめて商業誌《しょうぎょうし》に原稿《げんこう》が掲載《けいさい》され、数万円の原稿《げんこう》料を受け取りました。「会社に就職《しゅうしょく》しなくても、こうやって生きていけるかもしれない」という希望をもって卒業《そつぎょう》してから十年ほどの間に、数え切れない人に出会って育ててもらい、今に至《いた》ります。そういえば、会社に入って記者になった人より、書きたいものを書きたいように書いているかもしれない、と思うことがあります。

働くということについて、働いて生きていくさまざまな可能性《かのうせい》について、関心をもっていただければ幸いです。

自分らしく働きたい

だれもが自信と誇りをもって

もくじ

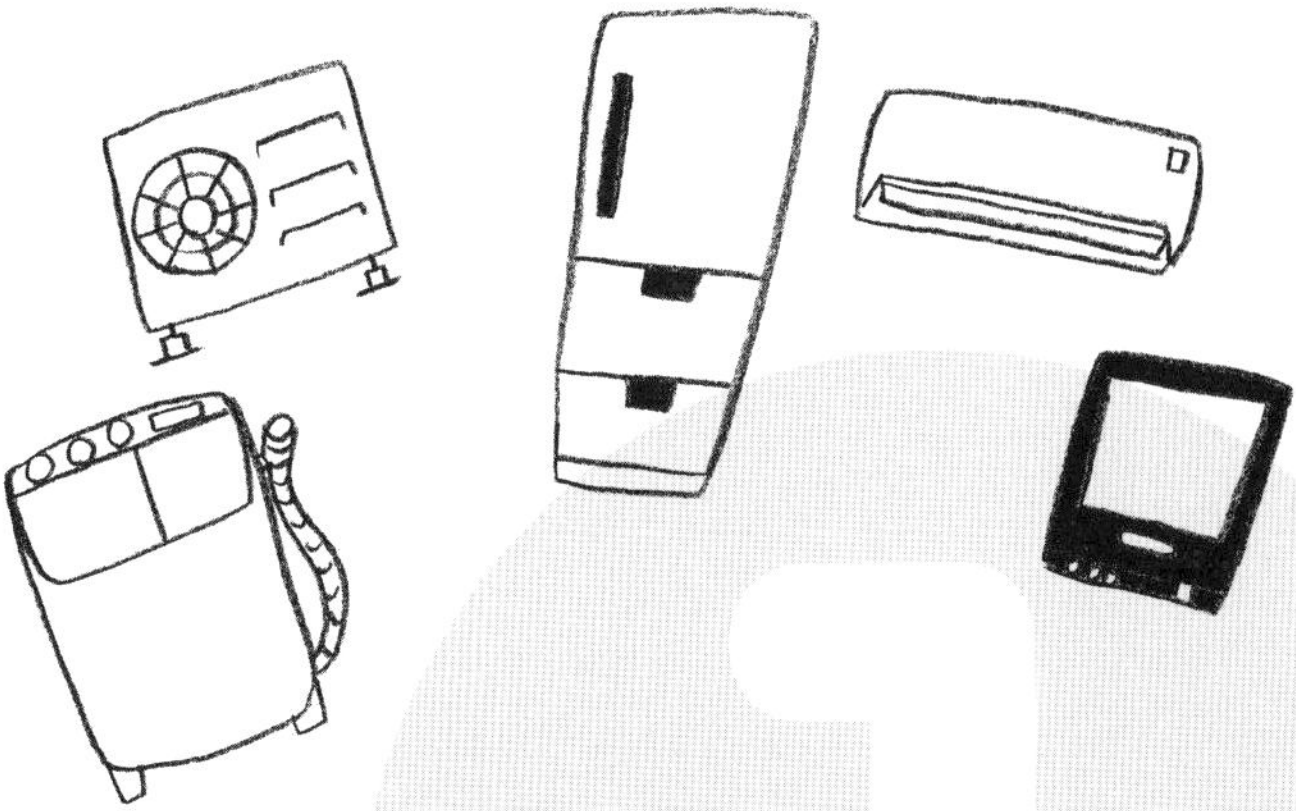

1

寄《よ》せ場《ば》のまちで仕事づくり

「働くまち」から「福祉《ふくし》のまち」へと変わるなかで

「このまま捨《す》てればただのごみ。でも、手で分解《ぶんかい》して分別すれば、宝《たから》の山です」

二〇〇八年の秋、神奈川《かながわ》県横浜《よこはま》市中《なか》区の寿町《ことぶきちょう》にある「寿《ことぶき》クリーンセンター」では、使い古したエアコンを、材料ごとに手でバラバラに分解《ぶんかい》する方法を身につけるための講《こう》習会《しゅうかい》が行われていました。

寿《ことぶき》クリーンセンターは、行政《ぎょうせい》の建物の一部を借り受けて運営《うんえい》している「労働者協同組合《ろうどうしゃきょうどうくみあい》」です。中古家電製品《せいひん》の引き取り、家財《かざい》の引き払《はら》いや、便利屋の仕事をしています。リサイクルショップも併設《へいせつ》しています。

労働者協同組合については、32ページでくわしく説明します。簡単《かんたん》にいうと、みんなで事業を起こすお金を出し合って、みんなで働いて、みんなで運営《うんえい》し、報酬《ほうしゅう》もみんなで分配するという仕事場です。社長がいて、雇《やと》われて働くという、会社とはちがう組織《そしき》の働く場と考えてください。

さて、講習《こうしゅう》に参加しているのは、どんな人たちなのでしょうか。

年配の男性《だんせい》がほとんどですが、彼《かれ》らは、みな「寄《よ》せ場《ば》」で暮《く》らす人たちです。

「寄《よ》せ場《ば》」は働くまちから福祉《ふくし》のまちに姿《すがた》を変えた

「寄《よ》せ場《ば》」とは、建設現場《けんせつげんば》などで日雇《ひやと》いで働く人たちと、作業の都合に合わせて、その日に必要な人数の働き手を求める求人業者が集まるまちのことをいいます。この寿町《ことぶきちょう》は、大阪府《おおさかふ》大阪市《おおさかし》西成区《にしなりく》にある釜ヶ崎《かまがさき》、東京都《とうきょうと》台東区《たいとうく》・荒川区《あらかわく》にある山谷《さんや》と並《なら》ぶ、日本三大寄《よ》せ場《ば》のひとつです。現在《げんざい》およそ六千五百人が、ここで暮《く》らしています。

聞き慣《な》れない言葉が続きますね。働く人が「いつ」から「いつ」まで「どんな」仕事をすることに対して、雇《やと》う人は「いくら」お給料を払《はら》いますといった約束を「雇用契《こようけい》約《やく》」といいます。「日雇《ひやと》い」というのはその雇用契約《こようけいやく》が一日単位になっていることです。つまり、雇用契約《こようけいやく》の期間が一日だということです。

たとえば、会社の正社員なら、雇用契約《こようけいやく》の期間はとくに定めないのが通常《つうじょう》です。ですから、自分から会社を辞《や》めたり、辞《や》めさせられたりしなければ、会社がつぶれたりしないかぎり、定年退職《たいしょく》まで働くこともできます。期間を定めて雇《やと》われる契約《けいやく》社員や、短時間勤務《きんむ》のパートタイマーなどの場合は、雇用《こよう》期間は、数か月から半年の場合もあります。雇用契約《こようけいやく》が一日だけの日雇《ひやと》いの場合、今日は仕事につけても、明日も仕事があるとはかぎりませんから、生活はとても不安定です。さらに、各地の建設現場《けんせつげんば》を転々として働くため、決まった住所がない人もいます。

しかし、寄《よ》せ場《ば》には日雇《ひやと》いの仕事を求めて人が集まり、給料は日払《ひばら》いで支払《しはら》われます。そのため、寄《よ》せ場《ば》やその周辺には、一日あたり千円から千数百円で泊《と》まれる簡易宿泊所《かんいしゅくはくじょ》（ドヤ）が立ち並《なら》んでいます。

日雇《ひやと》いの仕事を求めて働く立場の弱い人たちに対して、歴史的に、寄《よ》せ場《ば》の求人業者には、暴力団《ぼうりょくだん》が関係するものがあったり、約束した給料を支払《しはら》わなかったり、給料からいろいろな名目でピンハネ（お金を差し引く）したり、暴力《ぼうりょく》をふるったり、脅《おど》したりして逃《に》げられないようにして、無理やり働かせるなどの問題が起きたことがありました。

そのため、主な寄《よ》せ場《ば》では、公共職業《しょくぎょう》安定所（76ページ参照）を通しても求人が行われるようになりました。そして、働く人たちがおたがいの身を守り、給料を上げるために、労働組合もつくられました。

日雇《ひやと》い労働者は、第二次世界大戦後、日本が経済的《けいざいてき》に復興《ふっこう》するなかで、道路や橋、大きなビルなどを作る現場《げんば》で仕事をしてきました。

しかし、日本の高度成長をこうして支《ささ》えてきた人たちも、年をとるとしだいに力仕事ができなくなってしまいました。また、求人業者は、求人広告など、寄《よ》せ場《ば》以外の手段《しゅだん》で人を集めるようになりました。

やがて年をとった日雇《ひやと》い労働者の中には、簡易宿泊所《かんいしゅくはくじょ》で暮《く》らしながら、「生活保護《ほご》」を受給する人が多くなりました。生活保護《ほご》というのは、憲法《けんぽう》二十五条《じょう》に定められた生存《せいぞん》権《けん》を実現《じつげん》するため、国が、生活に困《こま》っている人の最低限度《げんど》の生活を保障《ほしょう》するために、「生活保護費《ほごひ》」とよばれるお金を支給《しきゅう》するなどの対応《たいおう》をする制度《せいど》のことをいいます。

つまり、寄《よ》せ場《ば》は、労働者のまちから福祉《ふくし》のまちへ、姿《すがた》を変えているのです。

部品は分ければ分けるほど高く売れる!

さて、寿《ことぶき》クリーンセンターの手分解講習《てぶんかいこうしゅう》に話をもどしましょう。

「これまで、簡単《かんたん》なものから徐々《じょじょ》に難《むずか》しいものの分解《ぶんかい》に挑戦《ちょうせん》してきましたが、最終日の今日は、難《むずか》しくて非常《ひじょう》にもうかるものを持って参りました。ご存知《ぞんじ》のように、それがエアコンの室外機です」

家電製品《せいひん》の手分解講習会《てぶんかいこうしゅうかい》の講師《こうし》を務《つと》める鈴木剛《すずきたけし》さんは、にこやかな表情《ひょうじょう》で、口上《こうじょう》を述《の》べるようにテンポよく「素材《そざい》ごとに分ければ、いかに高く売れるか」を説明していきます。

「家電リサイクル法」で定められたテレビ、エアコン、洗濯機《せんたくき》、電気冷蔵庫《れいぞうこ》という、家電四品目は、みな、大きくて重さがあります。つまり、中に使われている金属《きんぞく》がたくさんあるから、分解《ぶんかい》して素材別《そざいべつ》に売れば、その分、もうかるというわけです。

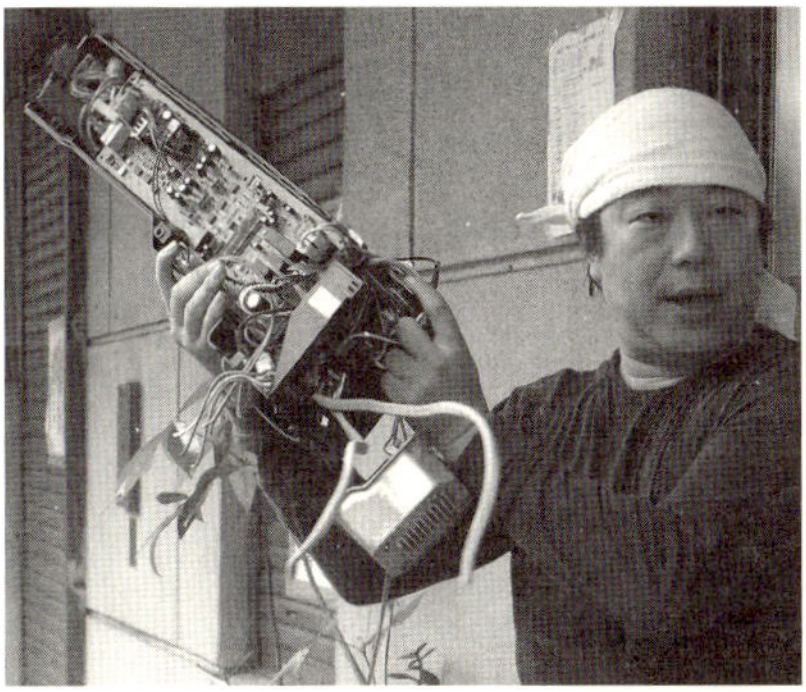

分解《ぶんかい》方法を説明する鈴木《すずき》さん。

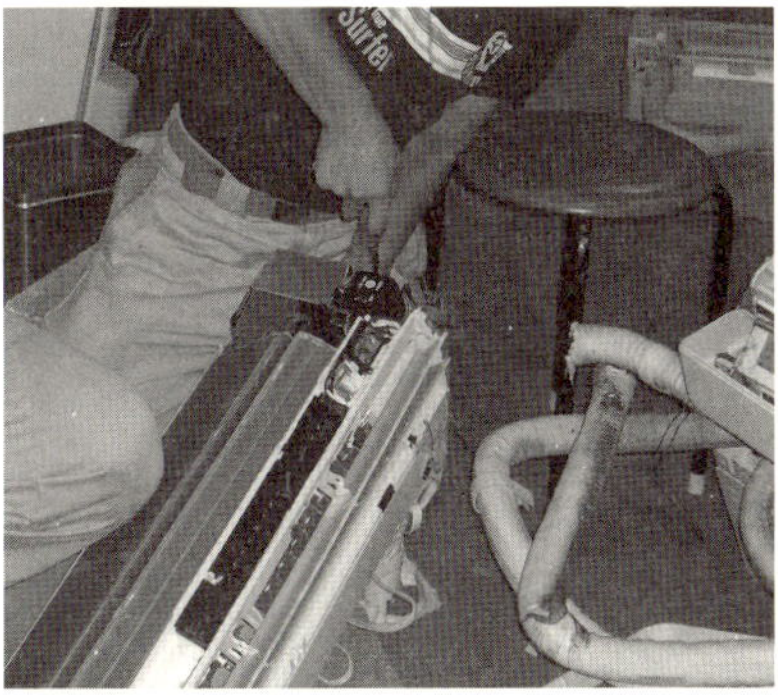

エアコンや室外機を手で分解《ぶんかい》していきます。

なぜエアコンの室外機がとくに「もうかる」のかは、分解《ぶんかい》してみるとわかります。ラジエーターなどに、ステンレスやアルミニウム、銅《どう》といった比較的《ひかくてき》、値段《ねだん》の高い金《きん》属《ぞく》がたくさん使われているからです。

エアコンには、プラスチックの部品もたくさん使われています。プラスチックも種類別に分けていきます。きちんと分ければ分けるほど、引き取り価格《かかく》が高くなるのです。

鈴木さんが説明します。

「まず、材質《ざいしつ》の表示《ひょうじ》を見てください。『PP《ピーピー》』と書いてあるのは、ポリプロピレン、『PS《ピーエス》』は、ポリスチレン。書いてないときは、投げてみてください。やわらかい音がするのはポリプロピレン、ガチャガチャという音がするのはポリスチレンです」

電動ドライバーでねじをあけ、室外機の中身がどんどん現《あらわ》れてきます。説明を聞いて、受講者《じゅこうしゃ》たちがもくもくと作業をしていきます。

空気を圧縮《あっしゅく》するコンプレッサーが姿《すがた》を現《あらわ》しました。外観からは、こんなものが入っていたなんて想像《そうぞう》もつきません。まるで理科の実験を見学しているようです。

最後にメインともいうべき、放熱のためのラジエーターが現《あらわ》れました。「こんなに長いのが入っていたんだ」とびっくりするほど、何重にも折り曲げられた配管も姿《すがた》を見せました。受講者《じゅこうしゃ》たちは、いろいろな道具を試しながら、金属《きんぞく》の配管を苦心して切っていきます。

分解《ぶんかい》が終わり、材質別《ざいしつべつ》に部品を仕分けして、作業は終わりました。最後にはだれが言い出すこともなく、それぞれがほうきやぞうきんを手にして、そうじが始まりました。講習《こうしゅう》会場のリサイクルショップは、すっかりかたづきました。

まちから出られないのならまちに仕事をつくる

寿《ことぶき》クリーンセンターで手分解講習会《てぶんかいこうしゅうかい》を開いていたのは、引き払《はら》い先から引き取った中古家電製品《せいひん》を、より高く売ることができるようにするためです。手で分解《ぶんかい》することで、新しい仕事が生まれるのです。

寿《ことぶき》クリーンセンターが設立《せつりつ》されたのは、二〇〇八年四月。

事務局《じむきょく》として現場《げんば》を取り仕切る大平正巳《おおひらまさみ》さんに、設立《せつりつ》の目的や経緯《けいい》を聞いてみました。

大平《おおひら》さんは、寿町《ことぶきちょう》の中にある診療所《しんりょうじょ》で、精神保健福祉士《せいしんほけんふくしし》としても働いています。

「寿町《ことぶきちょう》には、アルコール依存《いぞん》や薬物依存《いぞん》の人、それに、さまざまな精神疾患《せいしんしっかん》を抱《かか》えた人たちがいます。わたしが勤《つと》めている診療所《しんりょうじょ》は、そういった人を受け入れるためにつくられたのです。

わたしがこの診療所《しんりょうじょ》で見てきたのは、たとえばこんな状況《じょうきょう》です。アルコール依存症《いぞんしょう》の人が、仕事ができなくなり、払《はら》う家賃《やちん》もなくなって寿町《ことぶきちょう》に流れてきて、生活保護《ほご》を受けて治療《ちりょう》し、回復《かいふく》する。でも、よくなっても仕事もなく、なにもすることがない。だからまたお酒に走って、病状《びょうじょう》を悪化させてしまうんです」

しかも、いったん寿町《ことぶきちょう》にくると、なかなかまちから出られないのだと大平《おおひら》さんは言います。もう一度定住する場所を別に見つけて仕事を探《さが》す、というのは難《むずか》しいことです。

「まちから出られないなら、まちの中に、ここにいる人の特性《とくせい》に合った仕事を用意するしかないのではないか、と考えたのです。

ちょうど三年ほど前に、家電製品《せいひん》の手分解《てぶんかい》という仕事があることを知り、寿町内《ことぶきちょうない》のアルコール依存症《いぞんしょう》の自助グループ、まちの自治会の人たちと準備《じゅんび》を始め、『寿町《ことぶきちょう》のごみをリサイクルする会』という会をつくりました」

そして、大平《おおひら》さんたちがリサイクルについて調べていくうちに、次のようなことがわかりました。

細心の注意をはらってものをつくる製造《せいぞう》の仕事ではなく、ものをこわしていく分解《ぶんかい》の仕事なので、細かいことに気をつかわなくてもマイペースで仕事ができること。さらに、分解《ぶんかい》工場で機械で処理《しょり》すると五割程度《わりていど》しか再利用《さいりよう》できないところ、手で分解《ぶんかい》すると、八割《わり》以上が再利用《さいりよう》できることなどもわかってきました。

これならアルコール依存症《いぞんしょう》から回復《かいふく》した人たちにもできる仕事だし、地域《ちいき》や社会にも貢献《こうけん》できるのではないか。そんな希望が湧《わ》いてきました。

二年ほど勉強会を重ねて、そろそろかたちにしようというときに、ごみ行政《ぎょうせい》を担当《たんとう》する部局に、行政《ぎょうせい》が引き取った家電製品《せいひん》を処理《しょり》させてくれるよう頼《たの》んでみました。

しかし、行政《ぎょうせい》の担当者《たんとうしゃ》は、「家電製品《せいひん》のリサイクルは、『家電リサイクル法』によって、メーカーによるリサイクルが確立《かくりつ》している。こちらではすでに業者に委託《いたく》しているので、新たにあなたたちに渡《わた》すことはできない」という見解《けんかい》でした。

しかし、もうあとには引けません。

大平《おおひら》さんたちは、山谷《さんや》や隅田川《すみだがわ》の川べりで野宿をして暮《く》らしている人たちの仕事づくりに取り組んでいる企業《きぎょう》組合「あうん」（アジア・ワーカーズ・ネットワーク、以下「あうん」、40ページ参照）に相談しました。すると、「ぜひやりなさい」と言って、あうんのビジネスモデルを説明してくれたのです。そして、これを皮切りに寿町《ことぶきちょう》での仕事づくりが、いよいよかたちになってきました。

「あうんでは、引っ越《こ》しや部屋のかたづけなどの便利屋の仕事と、リサイクルショップをしています。部屋の引き払《はら》いなどで出た品物を引き取って、修理《しゅうり》してリサイクルショップで売るのです。売れないものは、お金を払《はら》って中間処理《しょり》業者に引き取ってもらいます。家電製品《せいひん》の手分解《てぶんかい》はおいおい実現《じつげん》するとして、まずはあうんモデルに習って仕事をしてみようと、今年の春に便利屋業を始めました。

そして、もともとペンキを塗《ぬ》る仕事をしていた人たちといっしょに、みんなで施設内《しせつない》のコンクリートの壁《かべ》に明るい色を塗《ぬ》って、六月に、リサイクルショップも開店しました」

リサイクルショップ開店！

リサイクルショップで販売《はんばい》するための品物の収集《しゅうしゅう》ルートは、当初、引き払《はら》いの仕事での引き取りと、支援《しえん》してくれる人からの寄付《きふ》の二つでした。しかし、販売数《はんばいすう》が伸《の》びて、販売用《はんばいよう》の家電製品《せいひん》がたりなくなったため、中古家電市場からの仕入れというルートも加わりました。

それでも、売り上げは、まだ一か月で五十万円程度《ていど》だといいます。

「ここで働いているのは、毎日くる人が三人。アルコール依存症《いぞんしょう》から回復《かいふく》した方たちなどです。調子がよいときだけくる方も入れると、五、六人です。

人手がたりないときは、知り合いのアルコール依存症《いぞんしょう》の回復者《かいふくしゃ》に声をかけます」

働いている人のお給料はいくらなのか、聞いてみました。

「便利屋の仕事は、明確《めいかく》な作業指示《しじ》にしたがってもらわないと成り立ちません。こちらの仕事は時給八百円で、働いた時間に応《おう》じて支払《しはら》っています。

リサイクルショップでの販売《はんばい》の仕事は、給料を払《はら》うとまだ採算《さいさん》がとれないんです。ですから、みなさんの了解《りょうかい》を得て、お店の仕事はボランティアにしています。作業の指示《しじ》はしないで、それぞれ、自分のできることをしています」

寿《ことぶき》クリーンセンターでは、二〇〇〇年以降《いこう》に製造《せいぞう》されたテレビ、ビデオ、DVD《ディーブイディー》、洗濯機《せんたくき》、冷蔵庫《れいぞうこ》、電子《でんし》レンジ、トースターなどを引き取って、状態《じょうたい》のよいものをリサイクルショップで販売《はんばい》しています。店頭には、日常《にちじょう》生活に必要な、ありとあらゆるものが並《なら》んでいます。

さらに手分解《てぶんかい》が導入《どうにゅう》できれば、現在《げんざい》はリサイクルにまわせず、お金を払《はら》って引き取ってもらっている家電製品《せいひん》の処理費《しょりひ》を安くすることができます。そのために、冒頭《ぼうとう》で紹介《しょうかい》した、家電製品《せいひん》別の手分解講習会《てぶんかいこうしゅうかい》の真っ最中なのです。

さまざまな弱者を受け入れるまち

あらためて、大平《おおひら》さんに聞いてみました。寿町《ことぶきちょう》はどんなまちなのでしょうか。

「どんな人でもいられるまちです。たとえば、ほかのまちで、表でパンツ一丁でべろんべろんに酔《よ》っぱらっていたら、追い出されるか、どこかへ連れて行かれるかでしょう。でもね、ここでは受け入れられてしまうんですよ。だれでも受け入れる懐《ふところ》の広いまちです。一方、弱肉強食で弱い者いじめはありますよ。ヤクザはいるし、違法《いほう》なクスリなども売られています」

では、このまちにいる人とは、どんな人たちなのでしょう。

「ここにしかいられない人かもしれません。みんな、それぞれたいへんな経験《けいけん》をしてここにたどり着いていています。

失業、家族の不和、病気、借金。その一つひとつは、だれの人生の中にもある、ちょっとしたきっかけです。それが運悪く重なって、家を失い、追われるようにここにやってくるのです。

精神疾患《せいしんしっかん》だけでなく、知的障害《しょうがい》のある人もいます。刑務所《けいむしょ》を出たあと、行く場所がなくて、『寿町《ことぶきちょう》へ行けばいい』と言われたという人さえいます。

年配の人が多いですが、若《わか》い人もいます。彼《かれ》らは薬物依存《やくぶついぞん》の影響《えいきょう》が深刻《しんこく》です。よく話を聞いてみると、親から虐待《ぎゃくたい》を受けていたという人もいました。

一九八〇年代の終わりに、若《わか》い人の間に覚醒剤《かくせいざい》がブームのように広がった時期がありました。そのとき二十歳代《さいだい》だった人たちの中に、四十歳代《さいだい》になって、体もボロボロになってここに流れ着いたという人もいるようです」

寿町《ことぶきちょう》には、さまざまな年代の人が、さまざまな困難《こんなん》を抱《かか》えながらやってきて、社会に起きた新しい問題も、社会が忘《わす》れてしまったような積み残しにされたままの問題も、このまちが一手に引き受けている。そんな印象を受けました。

自尊心《じそんしん》を取りもどすまちにしたい

大平《おおひら》さんは続けます。

「最近は、日雇《ひやと》い派遣《はけん》で働いていて、仕事がなくなったという、三十歳代《さいだい》の男性《だんせい》にも会いました」

「日雇《ひやと》い派遣《はけん》」とは、派遣《はけん》会社に登録《とうろく》し、携帯《けいたい》電話や携帯《けいたい》メールなどで仕事を指示《しじ》され、日々異《こと》なる現場《げんば》へ派遣《はけん》されて働くことです（128ページ参照）。日払《ひばら》いで賃金《ちんぎん》が支払《しはら》われますが、賃金《ちんぎん》の相場《そうば》は日当《にっとう》六千円~七千円。雇用《こよう》の不安定さと低賃金《ていちんぎん》から「ワーキングプア（128ページ参照）の温床《おんしょう》」ともいわれています。

大平さんは言います。

「以前より若《わか》い人が流れこんでくるようになったこともあって、働きたいけど働けない人が、能力《のうりょく》に応《おう》じて働ける仕事をつくりたい、生活保護《ほご》だけでない収入《しゅうにゅう》をつくりたいという思いを強くしています。

心を折られた人が、ここで働いて自尊心《じそんしん》を取りもどして社会にもどれるように、そして、心の張《は》りをもって、暮《く》らしていけるようにしたいですね」

コラム

「労働者協同組合《ろうどうしゃきょうどうくみあい》とは？」

会社とはちがう、もうけたお金の使い道

第一章の冒頭《ぼうとう》で、「寿《ことぶき》クリーンセンター」は、「労働者協同組合《ろうどうしゃきょうどうくみあい》」といって、みんなでお金を出して、みんなで働いて、みんなで運営《うんえい》する仕事場だと説明しました。

家電製品《せいひん》の手分解講習《てぶんかいこうしゅう》の講師《こうし》をしていた鈴木《すずき》剛《たけし》さんは、まるで機械の専門家《せんもんか》のように見えましたが、じつはそうではありません。「日本労働者協同組合連合会」で、全国各地に労働者協同組合をつくる仕事をしている人です。鈴木さんに、労働者協同組合とはなにか、教えてもらいましょう。

「簡単《かんたん》に言うと、始まりは、第二次世界大戦後の混乱《こんらん》の中で、失業者の労働組合ができたことにさかのぼります。『全日本自由労働組合《ぜんにほんじゆうろうどうくみあい》（全日自労《ぜんにちじろう》）』という、失業者や日雇《ひやと》い労働者の労働組合です。

通常《つうじょう》、労働組合というと、経営者《けいえいしゃ》と交渉《こうしょう》して労働条件《じょうけん》の改善《かいぜん》をするものですよね。とこ

ろが失業した人には、雇《やと》い主がいません。当時の交渉先《こうしょうさき》は、市区町村、都道府県、国でした。みんな仕事がないから対策《たいさく》をしてほしい、と求めたわけです」

戦後の貧《まず》しい時期、仕事のない人が大勢《おおぜい》いて、最盛期《さいせいき》で三十万人くらいの組合員がいました。この労働組合には、じつは女性《じょせい》が多かったそうです。

その女性《じょせい》たちとは、戦争で夫を亡《な》くした人たちです。仕事につけず、自分の身を売るようなところへ追いこまれる状況《じょうきょう》でした。国に失業対策《しつぎょうたいさく》事業という制度《せいど》をつくらせ、各市町村に失業対策課《しつぎょうたいさくか》という課《か》ができて、失業者に仕事を提供《ていきょう》しました。その受け皿になったのが、この労働組合でした。

その労働組合が、どうして労働者協同組合をつくったのでしょうか。

「高度経済《けいざい》成長期になって、日本も失業率《しつぎょうりつ》が下がり、失業対策《しつぎょうたいさく》事業も減《へ》ります。組合員の数も減《へ》りました。しかし、終戦直後ほどではないにしても、仕事の必要な人はいます。そこで、自分たちで仕事をつくることにしたのです。『仕事をよこせ』から『自分たちで仕事をつくろう、管理《かんり》しよう』に変わったというわけです。一九七〇年代のことです。

最初は、自治体が外注する仕事を契約《けいやく》していました。そうしたら、自分たちには『長』

がいない、それでもちゃんと仕事がまわっている、ということに気づくのです。労働組合の組合員みんなで、仕事のしかたや働く時間について話し合ってルールを決めて働く、ということに、なにかふつうの会社とはちがう意味があるのではないか、と思い始めたのです」

なるほど、「ふつうの会社とはちがう意味」というのがポイントなのですね。それはどういう意味だったのでしょうか。鈴木さんは続けます。

「やがて、海外の社会のしくみにくわしい学者の人たちや、生活協同組合の人たちから、『あなたたちのやっていることは、ヨーロッパにある労働者協同組合と同じではないのか』と言われるようになります。労働者協同組合は、イタリアやスペインなどヨーロッパでさかんです。そこで、一九七〇年代末に、ヨーロッパへ調査団《ちょうさだん》を派遣《はけん》して、われわれがやろうとしていることは労働者協同組合、つまりワーカーズ・コープなんだ、ということに気づいて、労働者協同組合の全国組織《そしき》をつくります。それが日本労働者協同組合連合会で、各地にモデルとなるような労働者協同組合をつくっていきました。そして今日に至《いた》るというわけです」

会社ではない仕事づくりの取り組みには、ほかにも生活協同組合の組合員の女性《じょせい》たちがつくっている「ワーカーズ・コレクティブ」があります。また、労働組合が、会社と交渉《こうしょう》した結果、会社から建物や土地を引き継《つ》いで、会社のような上下関係をつくらずに運営《うんえい》しているところもあります。

ただし、労働者協同組合は、ボランティア団体《だんたい》や非営利団体《ひえいりだんたい》（NPO《エヌピーオー》）とはちがいます。

「労働者協同組合は、『剰余《じょうよ》』を生み出せるんです」と、鈴木さんは言います。

剰余《じょうよ》とは、難《むずか》しい言葉ですね。なんのことでしょうか。

「NPO《エヌピーオー》などの非営利組織《ひえいりそしき》は、収入《しゅうにゅう》と活動にかける支出《ししゅつ》が、プラス・マイナス・ゼロになるのが理想です。会社は利益《りえき》を上げるのが目的ですよね。一方、労働者協同組合などの協同組合では、利益《りえき》ではなく、剰余《じょうよ》という考え方になります。

どういうことか、具体的にお話ししましょう。まず、その事業の目的があります。たとえば、この地域《ちいき》には介護《かいご》のデイサービスがないからつくろうとか、待機児童《たいきじどう》が多いから保《ほ》育園《いくえん》をつくろうとか、安全な食品を扱《あつか》うお店をつくろうといった目的です。それは、ボランティアでは対応《たいおう》できないので、事業として行います。事業を通して行う以上、赤字では成り立たないので黒字にしていきます。その結果として余《あま》ったお金のことを『剰余《じょうよ》』といいます」

では、「利益《りえき》」とはどうちがうのでしょうか。

「『もうけ』という意味では同じです。なにがちがうかというと、その使い道がちがうのです。

会社の利益《りえき》は、役員会や株主総会《かぶぬしそうかい》で分配の割合《わりあい》や使い道を決めます。ところが、労働者協同組合は、会社でいう利益《りえき》の一定額《いっていがく》を、社会のために使わなければなりません。つまり、利益《りえき》を全部分配してしまってはいけないのです。

たとえば、その地域《ちいき》で失業している人のために、資格《しかく》を取るための講座《こうざ》を開く、といったことに使います。また、利益《りえき》を第一に追求する企業《きぎょう》と競争《きょうそう》していれば赤字になる可能性《かのうせい》もありますから、赤字補填《あかじほてん》のためにも使います。ある目的のために、剰余《じょうよ》を蓄積《ちくせき》するというルールもあります。その上で余《あま》ったお金があれば、話し合って使い道を決め、さらに余《あま》ったお金は分配します」

結局、あまりもうけないということになるのでしょうか？

「いいえ。もうけまくることを目標にするのですが、そのもうけたものをなにに使うかということが、通常《つうじょう》の会社とちがうのです。社会的な目標を果たしたうえで、出資《しゅっし》したり、働いたりした分に応《おう》じて返還《へんかん》するのです」

なるほど、それが剰余《じょうよ》と利益《りえき》のちがいなのですね。

ところで、鈴木《すずき》さんはなぜ、日本労働者協同組合連合会に就職《しゅうしょく》したのでしょうか。

「以前は、マスコミで働いていました。じつは、日本労働者協同組合連合会は、そのときの取材先の一つだったんです。『こんな働き方があるのか』と新鮮《しんせん》に感じて、就職《しゅうしょく》させてほしい、と押《お》しかけたようなものなんですよ」

働く人がお金を出し、運営《うんえい》についても働く人どうしで話し合って決める、地域《ちいき》や社会のためになる仕事をする、もうかったお金は地域《ちいき》や社会のために使う、それでも余《あま》ったら働いている人で分け合う——。

寿《ことぶき》クリーンセンターは、そんな労働者協同組合のひとつなのです。

働くことを学び合いながら

元野宿者と若《わか》者《もの》がいっしょに働く場

仕事と人のつながりをつくろう

東京都荒川区《とうきょうとあらかわく》にある「あうん（アジア・ワーカーズ・ネットワーク）」は、一見、どこにでもあるリサイクルショップです。

衣料品を並《なら》べた店の隣《となり》には、倉庫のようなところがあって、家電製品《せいひん》がずらりと並《なら》んでいます。通りかかった人たちが、中に入って品定めをしていきます。その前では数人の年配の男性《だんせい》が、ブラシやぞうきんを手に、もくもくと冷蔵庫《れいぞうこ》や洗濯機《せんたくき》を磨《みが》き上げています。

土曜日には駐車場《ちゅうしゃじょう》に衣料品や家具なども並《なら》べ、まるでフリーマーケットのようになります。

あうんは、どのような人たちが運営《うんえい》しているのでしょうか。

この近くには、15ページでもお話しした日本三大寄《よ》せ場《ば》の一つ、山谷《さんや》があります。また、やはり近くの隅田川《すみだがわ》の堤防《ていぼう》には、野宿をしている人たちの青いシートがあちこちに張《は》られています。

じつは、あうんはもともと野宿をしていたり、現在《げんざい》も野宿をしていたりする当事者スタッフと、彼《かれ》らを支援《しえん》する活動をしてきた支援《しえん》スタッフ、そして、ふつうの会社では働きにくかった若《わか》い人たちもいっしょに働く場です。

あうんは、二〇〇二年にできました。第一章で紹介《しょうかい》した寿《ことぶき》クリーンセンターは、あうんの人たちから励《はげ》まされることによって、第一歩を踏《ふ》み出すことになりました。あうんのやり方が、今、注目されているのです。そこには、どんな特徴《とくちょう》があるのでしょうか。

現在《げんざい》、あうんで働いているのは週一日のアルバイトもふくめて、総勢《そうぜい》三十人ほど。そのうちフルタイムで働いている人が十二人ほどです。二〇〇七年の年間の売り上げは五千万円、純利益《じゅんりえき》は約五百万円でした。

仕事の中身は、主に便利屋とリサイクルショップ。便利屋として引き払《はら》いや引っ越《こ》しの仕事をしたときに引き受けた家電製品《せいひん》や家具、衣類などを、リサイクルショップで売っています。

あうんの中でバリバリと力仕事をこなす中村光男《なかむらみつお》さんは、支援《しえん》スタッフの一人です。一九五一年生まれの中村さんは、山谷《さんや》で働く人たちが生きていく条件《じょうけん》をよくするための運動にかかわり、実際《じっさい》に一九八〇年代からは山谷《さんや》で日雇《ひやと》いの仕事をしていました。日焼けした顔に、建設現場風《けんせつげんばふう》の作業着がばっちり似合《にあ》っています。

中村さんが山谷《さんや》に入ったのは、高度経済《けいざい》成長が終わり、低成長時代に入ったころでした。「二十五年以上、山谷《さんや》で日雇《ひやと》い仕事をしてきましたが、現在《げんざい》五十歳代《さいだい》後半以上の人たちは、もう十年以上前から、仕事がほとんどなくなってしまいました。

山谷《さんや》では最盛期《さいせいき》は二万人ぐらいの人が日雇《ひやと》い労働者として働いていました。ドヤとよばれる一日あたり千円から二千数百円で泊《と》まれる簡易宿泊所《かんいしゅくはくじょ》には、今は六千人ぐらいの住人がいます。その八割《わり》が生活保護《ほご》（17ページ参照）の受給者で、一人ぼっちで毎日テレビを見て、弁当《べんとう》を食べるという人が多いのです。

住環境《じゅうかんきょう》に問題はありましたが、それでもいちおう入れる施設《しせつ》が増《ふ》えたことで、野宿している人が一時は減《へ》りました。しかし今、また不況《ふきょう》によって、野宿者はどんどん増《ふ》えています。そのうえ、ドヤやアパートで孤独死《こどくし》していく人の数も増《ふ》えています。そこで、仕事と人のつながりをつくるために、『あうん』という働く場所をつくったのです」

合い言葉は「みんなが社長」

あうんの仕事のしかたは、山谷《さんや》の日雇《ひやと》い労働者の働き方を見習っています。山谷《さんや》で働いていた人たちは「ダチ」「ツレ」という、五人から二十人くらいのグループをつくって、グループで仕事につきます。

日雇《ひやと》いですから、仕事につけない人がいることもあります。すると、みんなでその人のドヤ代を出し合ったり、お弁当《べんとう》を買ってきて渡《わた》したりします。

「山谷《さんや》で働く人には、助け合い、支《ささ》え合う人のつながりがあります。生活も仕事も、ひとつのグループの中で支《ささ》えたり、分け合ったりすることを、だれに言われることなく、多くの人たちがやってきたのです。日雇《ひやと》いは、一日働いたらいくらの世界で、健康保険《ほけん》にも年金にも入っていない人ばかりですから」

そして、だれもが、約束した給料が支払《しはら》われなかったり、「労災《ろうさい》かくし」をされたりという経験《けいけん》をしています。

「労災《ろうさい》」（労働災害《ろうどうさいがい》）とは、仕事中に発生したけがや、仕事が原因《げんいん》の病気のことです。労災《ろうさい》が発生したら、国の制度《せいど》で、治療費《ちりょうひ》や休んでいる間の手当が出ることになっています。このためのお金にあてる、労災保険《ろうさいほけん》の保険料《ほけんりょう》は、雇《やと》い主がふだんから負担《ふたん》していなくてはなりません。また、雇《やと》い主の不注意で労災《ろうさい》が起きれば、責任《せきにん》を問われることにもなります。そのため、雇《やと》い主が労災保険《ろうさいほけん》に加入しなかったり、責任逃《せきにんのが》れのために、労《ろう》災《さい》であることをかくすことがあります。これを「労災《ろうさい》かくし」とよんでいます。

支《ささ》え合う仲間が必要だというのには、こんな事情《じじょう》があったのです。

中村さんたちは、日雇《ひやと》い仕事をしてきた中高年のメンバー数人に声をかけて、あうんをつくる準備《じゅんび》を始めました。でも、だれか一人が社長になって、そのほかの人たちは使われるという働き方は、山谷《さんや》の助け合いの働き方にはなじみません。

そこで、働く人がお金も出し、運営《うんえい》についても話し合って決める、労働者協同組合《ろうどうしゃきょうどうくみあい》（32ページ参照）をつくることにしました。合い言葉は『みんなが社長』です。

最初は、便利屋です。自転車のパンク直しのようなことから始めました。

「あの人たちはいったいなにをやっているのだろう、と思われるのもしかたのないことです。そこで、店の前で家電を磨《みが》いたりして、なにをやっているのか見てもらうようにしたんです」

そのうち、チラシをまくと、マンション住まいの若《わか》い奥《おく》さんから、蜂《はち》の巣《す》を取ってほしいという依頼《いらい》や、庭木の整理《せいり》をしてほしいという依頼《いらい》がくるようになりました。

それでも半年間は、もうけが少なく、給料は出なかったといいます。中村《なかむら》さんは、当時のことをふり返ります。

「半年間は、給料のかわりに米を支給《しきゅう》しました。『フードバンク』という団体《だんたい》からもらった米で乗り切ったのです。それができたのは、野宿している仲間は、貧困《ひんこん》にはそう簡単《かんたん》に負けない強さがあったからでしょう」

最初は、月三万円の給料が目標でした。月三万円というのは、当時、隅田川《すみだがわ》の川べりでテントを張《は》って暮《く》らしている野宿者が、アルミ缶《かん》を集めて得られた金額《きんがく》です。半年でやっとその目標をクリアできました。その後、一日千五百円、三千円、五千円、六千円、七千円と上がってきました。

中村さんは、あうん以外の仕事をしながら、支援者《しえんしゃ》としてかかわっていたのですが、二〇〇六年からあうんでも給料が出るようになったので、あうん専属《せんぞく》で働くようになりました。

行政《ぎょうせい》の支援《しえん》方法に疑問《ぎもん》をもって

中村《なかむら》さんたちが、あうんをつくるために奮起《ふんき》したのは、行政《ぎょうせい》のホームレス施策《しさく》がきっかけだったといいます。

「行政《ぎょうせい》のホームレス施策《しさく》は、就労支援《しゅうろうしえん》といって、仕事につくための支援《しえん》を柱にしています。しかし、その中身はというと、逆《ぎゃく》に中高年の非正規雇用《ひせいきこよう》労働者をどんどんつくり出しているという面があるのです」

家を失っているホームレスの人に行政《ぎょうせい》が紹介《しょうかい》する仕事は、正社員の仕事ではなく、低《てい》賃金《ちんぎん》で不安定な、アルバイトなどの非正規雇用《ひせいきこよう》（122ページ参照）の仕事がほとんどです。つまり、いっときは働き口ができたとしても、いつまた職《しょく》を失うのかわからない、不安定なものでしかないのです。

「野宿をしている人が、一般《いっぱん》の中高年の人と必死に競争《きょうそう》をして、針《はり》の穴《あな》を通すようにしてやっと職《しょく》についても、ほとんどが生活保護《ほご》（17ページ参照）基準《きじゅん》以下の賃金《ちんぎん》でしかありません。

それに、みんなで集まって助け合って野宿をしていたときは身近に仲間がいるけれど、それぞれバラバラにアパートに入っていますから、協力し合う人もいません。

仕事が減《へ》ってきたら真っ先にクビを切られますし、支《ささ》える横のつながりを失っています。ですから、行政《ぎょうせい》の就労支援《しゅうろうしえん》で就職《しゅうしょく》しても、一年たたずに野宿にもどる人たちを、わたしたちは大勢《おおぜい》見てきたんです」

中村さんは、自分たちになにができるかと考えました。そして思い至《いた》ったのが、助け合って仕事をする場をつくることでした。

あうんを引き継《つ》ぐ若《わか》い力 おじさんたちが若者《わかもの》を変えた

あうんの便利屋事業が軌道《きどう》に乗り始めた二〇〇七年、年間の利益《りえき》が予定を上回りました。それをなにに使おうかと話し合うなかで、若《わか》い人を迎《むか》えようという話が出ました。

中村《なかむら》さんは、そんな決断《けつだん》に至《いた》った経緯《けいい》を話します。

「若《わか》い人を迎《むか》えるには、気持ちの整理《せいり》が必要でした。というのも、このまわりには野宿をしている人たちが、まだ千人以上います。

あうんで働いている中高年の人たちは、みんなわたしが山谷《さんや》で知り合った仲間ばかりですが、彼《かれ》らはいまだに隅田川《すみだがわ》でテントを張《は》って暮《く》らしています。テントに帰れば、同じような野宿の仲間がいるわけですから、あうんに余裕《よゆう》があるなら、近くの仲間を入れ

リサイクルショップの前で家電製品《せいひん》を
きれいにする「あうん」の人たち。

ある日の「引き払《はら》い」のようす
（56ページ参照）。

たいと思うのが人情《にんじょう》です。

だけど、自分たちは中高年です。近いうちに足腰《あしこし》も弱くなって、きつい力仕事はできなくなるでしょう」

そこで、「あうんをつくってよかったと思えるなら、若《わか》いやつらに伝えていかないと、あうん自体が存続《そんぞく》できない」と、思い切って若手《わかて》を仲間に迎《むか》えたのです。

彼《かれ》らはどんな若者《わかもの》たちなのでしょうか。

もともと引きこもっていて今は定時制《ていじせい》高校に通う十九歳《さい》、正社員として過酷《かこく》な条件《じょうけん》で働いていた二十歳代《さいだい》、ネットカフェで寝泊《ねと》まりしていた三十歳代《さいだい》の人。その中に、A《エー》さんもいました。

A《エー》さんは、あうんで働き始めても、はじめは挨拶《あいさつ》もできず、話すどころか、人の顔を見ることもできませんでした。うつむいて一日中、携帯《けいたい》ゲームをしていたそうです。けっしてさぼっているわけではなく、それまでのつらい体験から、人と話したりすることができなくなっていたのです。

「みんなで、いつ変わるのかな、と思って見ていました。でも、返事も返ってこないのに、中高年のおっさんたちが一生懸命《けんめい》話しかけていたんです。

山谷《さんや》には、世間で生きられない人たちも少なからずいます。日本の社会保障《ほしょう》制度《せいど》が十分機能《きのう》していないせいです。知的障害《しょうがい》がある人や体力がない人、自由に体が動かないけど肉体労働でしか雇《やと》ってもらえない人。そういう人たちをグループの中に入れながらいっしょに仕事をすることが、あたりまえだったのです。

だから、重い荷物の持ち運びができない仲間には、別の仕事をまわすというように、チームワークで仕事をする気風《きふう》があります。いかに相手のいいところを引き出すかということに、とても気をつかうんです」

A《エー》さんも三か月が過《す》ぎるころには笑顔が見られるようになりました。今では、挨拶《あいさつ》もできなかったとは信じられないほど明るく、リサイクルショップの仕事をしています。

数々のつらい経験《けいけん》を経《へ》てきたA《エー》さんは、「あうんにきて、はじめてやさしくしてもらった」と言います。

やさしく気長に見守るおじさんたちが、A《エー》さんに笑顔をもたらしたのです。

あうん式「対等平等」

A《エー》さんは時給制《じきゅうせい》のアルバイトですが、働けない状態《じょうたい》のときから、アルバイト代が支《し》払《はら》われました。時給は八百八十円です。

「フルタイムで働く人は全員手取り七千円ほどです。若《わか》い人を迎《むか》えるにあたって、厚《こう》生《せい》年金（将来《しょうらい》年金をもらうために働いているときに負担《ふたん》するお金）と社会保険《ほけん》（健康保《ほ》険《けん》、雇用保険《こようほけん》など）にも加入しました。また、食事手当、住宅《じゅうたく》手当、交通費《こうつうひ》はもちろん、手当ての部分を厚《あつ》くしています。住民税《じゅうみんぜい》にあたる金額《きんがく》も、手当として支給《しきゅう》しています」

中村《なかむら》さんは、給与《きゅうよ》について「対等平等」を強調しました。

あうんでは、当事者スタッフも支援《しえん》スタッフも、そして仕事場に来ることはできても、まだ仕事が始められない状態《じょうたい》のアルバイトも、給与《きゅうよ》は同額《どうがく》が支払《しはら》われます。

中村さんは、ホームレス支援《しえん》のために仕事をつくっている団体《だんたい》やNPO《エヌピーオー》で、多くの場合、職員《しょくいん》と当事者スタッフに支払《しはら》われる給与《きゅうよ》が、まったく別になっていることが気になるそうです。このことについて、こんな感想を話してくれました。

「行政《ぎょうせい》からの業務《ぎょうむ》を請《う》け負って事業をしているNPO《エヌピーオー》などでは、職員《しょくいん》は公務員《こうむいん》に準《じゅん》ずる給与《きゅうよ》を支給《しきゅう》するということで、二十万円以上の給与《きゅうよ》が出ます。でも、野宿をしている当事者には日当六千円程度《ていど》で、健康保険《ほけん》も厚生《こうせい》年金もつかないということがあたりまえになっています。こんな差があったら、おたがいの溝《みぞ》を深くしてしまうのではないでしょうか」

給料は平等ながら、若者《わかもの》を信じて育てる余裕《よゆう》さえあるように思われます。そんな力はどこから湧《わ》いてくるのでしょうか。

また、「社長がいなくてだいじょうぶなの？」と思う人もいるかもしれません。そこで、次に、あうんのしくみと、仕事の進め方の特徴《とくちょう》についてみていきましょう。

自分で考えながら働くから、楽しい

あうんは、発足《ほっそく》当時は個人《こじん》事業主である代表が、スタッフを雇《やと》うというかたちをとっていました。現在《げんざい》は、労働者協同組合《ろうどうしゃきょうどうくみあい》（32ページ参照）に似《に》ている「企業組合《きぎょうくみあい》」という、ちょっと変わった名前の事業形態《けいたい》です。

あうんの事業も順調になってきて、法人《ほうじん》（法律《ほうりつ》上、人の集まりなどを、人と同様に権《けん》利《り》や義務《ぎむ》を有するものとすること）格《かく》をとることにしたときに、「NPO《エヌピーオー》法人」と「株《かぶ》式《しき》会社」の名前があがりました。

そのとき中村《なかむら》さんは、この二つから選ぶのではなく、あうんの実態《じったい》には、労働者協同組合の考え方がもっとも近いと感じていました。そこで、労働者協同組合を体現《たいげん》する法《ほう》人格《じんかく》はと調べていくと、企業《きぎょう》組合というものがあることがわかりました。

「働く人間がみんなで出資《しゅっし》します。そして、総会《そうかい》での決定権《けっていけん》は全員一人一票です。企《き》業《ぎょう》組合は出資限度額《しゅっしげんどがく》が決まっているため、たくさん出資《しゅっし》した人がいても、その人が大きな権力《けんりょく》を握《にぎ》れないしくみになっています。

また、配当金は、働いていない出資者《しゅっししゃ》にも出すしくみになっていますが、出さなくてもかまいません。そこであうんでは、働く人間が主人公になるように、出資《しゅっし》しただけの人には配当金はないという内規《ないき》をつくりました。

企業《きぎょう》組合の出資金《しゅっしきん》は、一人最低一万円です。お金をためれば、野宿している人でも出資《しゅっし》できます。どうしても一万円が用意できない人は、働きながら一日千円貯《た》めていけば、十日で一万円になります。『一万円で社長になれる』が合い言葉でした」

あうんでは、自分たちの仕事は自分たちでくふうします。新しい仲間を迎《むか》えるときも、どういう仲間を迎《むか》えるかということも、働く人どうしが話し合って決めます。それらがすべてあうんのスタイルです。

「でも、すぐにこんな働き方ができたわけではありません。やはり、みんなで話し合って、おたがいが変わることで、働き方や働く力を身につけていきました。働くことを学び合う、といってもいいでしょう。どうしたら力を合わせられるのかを考えながら働いています。だから働いていて楽しいのです」

中村さんが近所の中小企業《きぎょう》の社長さんたちとつきあうなかで、ふしぎがられることが二つあるそうです。

「週三日は、仕事のあとにみんなでここで集まって食べたり飲んだりしているので、ワイワイ楽しそうだ、なんであんなに楽しそうなのかということが、まず一つです。そして、こんなに小さい業者なのに、なぜあんなに大勢《おおぜい》人がいるのかということです」

年に五億《おく》から六億円《おくえん》の売り上げがある中小企業《きぎょう》でも、ふつう、社員は十人もいないことが多いので、会社を経営《けいえい》している社長さんたちにとっては、ふしぎでしかたがないのだそうです。

あうんのやり方のちがいとは？

では、実際《じっさい》に、あうんの仕事のしかたは、どこがちがうのでしょうか。

カウンター席だけの飲食店を経営《けいえい》していた高齢《こうれい》で一人暮《ぐ》らしの男性《だんせい》が、長期に入院することになりました。その男性《だんせい》からの依頼《いらい》で、小さな店舗《てんぽ》と住居《じゅうきょ》の引き払《はら》いの仕事を引き受けたのです。

その日一日、トラック三台を使って、七人がこの仕事をしました。ほかの業者なら、半分の人数でこなす仕事の規模《きぼ》でした。

中村《なかむら》さんは話します。

「なぜ、これだけ多い人数で仕事ができるかというと、やはり雇用主《こようぬし》がいないからでしょう。みんな対等平等な賃金《ちんぎん》だからです。

ふつうの企業《きぎょう》なら、社長さんがいて、社長さんは最初から月に五十万円も百万円も給料をもらうことにしていて、残りを働いている人で分けるでしょう。零細企業《れいさいきぎょう》の社長さんは、そんなに給料は多くないにしても、働く人とは明確《めいかく》に差がついています。

わたしたちは、最初からみんなの給料が同じだから、やっていけるんです」

中村さんは、「さらに」と言って続けます。

「民間業者が三、四人でやる仕事を、うちは七、八人でやっています。それが可能《かのう》なのは、理由があります。

たとえば、民間の業者は、一トンのごみを引き取ったらそのまま捨《す》てる。つまり一トンのごみに、一トン分の処分料《しょぶんりょう》を払《はら》って、中間処理《しょり》業者に渡《わた》します。

わたしたちは、一トンのごみを、くふうして減《へ》らすことに人手《ひとで》を割《さ》いています。一トンのごみの処分料《しょぶんりょう》が五万円くらいだとすると、ごみを半分にすれば、二万五千円になりますね。だから、その二万五千円分だけ、人件費《じんけんひ》にまわすことができます。

ごみを減《へ》らすしくみとして、自分たちでリサイクルショップを運営《うんえい》するとか、徹底《てってい》した分別をしています」

引き取ったもののうち、リサイクルショップで売れるものは売り、さらに処分《しょぶん》しなければならないものは、ごみの種類ごとに徹底的《てっていてき》に分けるのです。

たとえば、紙は紙だけに完全に分別すれば、処分費用《しょぶんひよう》をとらずに引き取ってくれる業者があります。そこで引き払《はら》いの現場《げんば》では、ごみをひとまとめに捨《す》てることはせず、紙だけを徹底的《てっていてき》に分別し、ごみを資源《しげん》に変えているのです。

第一章の冒頭《ぼうとう》で紹介《しょうかい》した、寿《ことぶき》クリーンセンターで行われた手分解《てぶんかい》の講習会《こうしゅうかい》には、中村さんたち、あうんで働く人たちも参加していました。あうんでは、リサイクルショップで売れない古い冷蔵庫《れいぞうこ》や洗濯機《せんたくき》は処分《しょぶん》していたのですが、今後手分解《てぶんかい》をして、資源《しげん》として引き取ってもらえるようにするためです。

「引き取るものの中から最終処分《しょぶん》するものとリサイクルできる資源《しげん》をより分けていくとは、利益《りえき》を増《ふ》やすことにつながります。さらに、三人でやる仕事を五人でやるということも可能《かのう》になります。そうすると仕事にも余裕《よゆう》ができてきます。あせって、どなりながら仕事をしなくてもすむのです」

ごみは減《へ》り、仕事は増《ふ》える。今までの効率《こうりつ》しか考えない世の中だったら考えもつかないやり方だったかもしれません。でも、これからの時代には、こんな仕事のやり方もできてくるのではないでしょうか。中村さんはこう結《むす》びました。

「あうんでは、階段《かいだん》の上り下りができない人がいたら、分別の仕事をしてもらうとか、そういうくふうを一つひとつ、みんなで話し合います。

さらに利益《りえき》を上げて、働く人も増《ふ》やしていきたいですね」

コラム

「ここには、すごい人がたくさんいる」

あうんで働く若者《わかもの》・田中入馬《たなかいるま》さんの場合

二〇〇八年八月からあうんで働き始めた田中入馬《たなかいるま》さんは一九八三年まれの、存在感《そんざいかん》のある若者《わかもの》です。

あうんで働き始めるまでは、不動産会社で働いていました。外国から来た人が滞在《たいざい》する、ホテルのような高級家具付きマンションを管理《かんり》するのが仕事でしたが、九か月間働いて、辞《や》めました。

田中さんは、日本の大学を卒業して、イギリスの大学院で「開発学」という、世界の貧《ひん》困《こん》の問題について学んでいたそうです。なぜ、就職先《しゅうしょくさき》に不動産会社を選んだのでしょうか。

「開発学を学んでいて不動産業に就職《しゅうしょく》したのは、人助けによって自分が食べていくのがいやだったからです。助ける人を無理やりにでも探《さが》して、仕事をしないと食べていけないという状態《じょうたい》になるのはいやだった。

多くの人がやっている、会社に勤《つと》めてスーツを着て満員電車に乗って……ということをやってみたかったということもあります。就職《しゅうしょく》するときは自信があって、『おれにはなんでもできる』と思っていましたね。なってみて楽しかったこともいっぱいあったけれど、おれにとってはちがうな、と思いました」

田中さんは、どんな点を「ちがう」と思ったのでしょう。

「なんというか、会社の求める人物像《じんぶつぞう》という型があるんです。どんな会社もそうかもしれませんが、会社の中で必要とされる、理想の人材になるように求められていると感じました。会社では、おれの長所は認《みと》めてくれるけれど、短所は認《みと》めてくれない。みんなが同じところに行き着くような育て方をされて、苦手なところを徹底的《てっていてき》に矯正《きょうせい》されていきます。苦手な部分があるから、得意《とくい》な部分があるのに……。おれは、自分の個《こ》を大事にしたいと思っていて、短所を直すのはいいことかもしれないけど、個《こ》が消えてしまうのはいやだったんです」

でも、たった九か月で辞《や》めてしまったのはなぜでしょうか。

「会社で、できないって責《せ》められると、中学生と高校生のときに、ぜんぜん勉強ができなかったときのことをフラッシュバックのように思い出して、いやな気持ちになりました。

会社の人からは、二年間がまんすれば三年目には楽しくなるっていわれたけど、二十五歳《さい》で、体力もエネルギーもあふれているこの二年間こそ、がまんなんかしないで、新しい考え方をもっと出して生きていきたいと思いました。

そんなときにあうんに誘《さそ》われたんです。会社の人に辞《や》めると言ったら、責《せ》められてたいへんでした。逃《に》げてるって言われて」

二年間でも、がまんするのはもったいない、と田中さんは感じたのです。なぜ「もったいない」と思ったのか、田中さんはくわしく説明してくれました。

「昔は、大きい会社に勤《つと》めていれば安定して、いい意味でも悪い意味でもふつうの生活が送れましたよね。でも、今は大きいところに勤《つと》めても、どうなるかわかりません。だったら、好きな仕事をやったほうがいい。そのほうが仕事にも集中できます」

とはいえ、給料もたくさんもらえたのではないでしょうか。「給料はがまん代だ」とはよく言われている言葉です。前の会社での待遇《たいぐう》を聞いてみました。

「年俸制《ねんぽうせい》（月給ではなく一年の給料の総額《そうがく》を決めるしくみ）で三百六十万円でした。一か月に数十時間の残業代をふくめてです。

会社では言いたいことを言えず、働き始めてすぐにじんましんが出て、通勤途中《つうきんとちゅう》で倒《たお》れそうになりました。手も皮がむけて真っ赤になりました。おれは、ストレスがすごくたまるとその二つの症状《しょうじょう》が出るんです。これまでに、ニュージーランドの高校に入学して一人暮《ぐ》らしを始めたときと、大学院で修士論文《しゅうしろんぶん》を書いているときにもそうなりました。

職場《しょくば》と家とを往復《おうふく》するだけの毎日で、それまでは社会問題にも関心があったのに、仕事以外のことを考える余裕《よゆう》がまったくなくなりました。

平日は休みのことを考えて、休みの間は仕事のことを考えていました。出勤日《しゅっきんび》の前には、暗くなっていました」

想像《そうぞう》以上のストレスと、仕事に追われることで、心にも余裕《よゆう》がなくなっていったのですね。そんな状態《じょうたい》では、「このままではだめだ」とだれもが思うでしょう。

あうんで働くようになったきっかけはなにか、たずねました。

「学生時代にゼミの先生からあうんを紹介《しょうかい》してもらって、アルバイトとして引き払《はら》いの仕事をいっしょにやっていたんです。隅田川沿《すみだがわぞ》いに住んでいる人のための医療《いりょう》相談会にも参加するようになって、家がない状態《じょうたい》の人たちと接《せっ》するようになりました。野宿している人たちを尊敬《そんけい》できたのは、痛《いた》みを知っていること。すごくやさしくしてくれるんです。あうんに来た人たちが変わっていったことでもわかるように」

では、現在《げんざい》、あうんの待遇《たいぐう》や仕事に、田中さんは満足していますか?

「今は、あうんで好きなことをしているから、給料は半分くらいになったけど、すごく楽しいし、やりがいもあります。

おれは別にカネだけがほしいと思って働いていないし……。そうだったらここで働いていないでしょう。おれが目指しているのは、お金とはあんまり関係ないところにある」

田中さんのそういった価値観《かちかん》は、どこから生まれたのかを聞いてみました。

「うちは、おれが小さいときは貧《まず》しくて、親父《おやじ》は三十歳代《さいだい》までバイトのような仕事をしていて、四十歳《さい》になって大学院に行って、その後大学教授《きょうじゅ》になりました。それから収入《しゅうにゅう》はすごく増《ふ》えたけど、幸せになったかというと、そうでもないと思ったんです。

小さいときの思い出というか幻想《げんそう》かもしれないけど、家族で川の字になって寝《ね》ているときのほうが楽しかったような気がするんですね。家族はみんな忙《いそが》しくなったし、いいものも食うようになったけど、あのときの手作りのもののほうがよかったような気がする。

お金はある程度《ていど》は必要だけど、手段《しゅだん》でしかない。自分が生きている価値《かち》っていうのは、どれだけ自分をほんとうに必要にしてくれる人がいるかってことだと思うし、それは今のほうがずっと実感しています」

働くことはお金をたくさんかせぐだけではない、ということを、若《わか》い田中さんは確実《かくじつ》に実感したうえで、あうんで働くことを選んだのでしょう。

「今は太陽の光を浴《あ》びて体を動かして働いて、全体的にすごく元気です。おれには、月曜から土曜まで働いて、休みは日曜だけというのも、風呂《ふろ》がなくて銭湯《せんとう》に行くというのも苦にならない。あのまま働き続けていたらどうなっていたかわかりません。

将来《しょうらい》、不安じゃないのって友だちによく聞かれるけど、なにをやっていたって不安はあるでしょう」

田中さんの話を聞いていると、こんな考え方の若者《わかもの》がいたのかと驚《おどろ》くとともに、たのもしい気持ちになってきます。

「あうんでは、自分で考えていろいろなことができます。いつもどうやってくふうして仕事しようかって考えています。ニュースレターを書いたり、家電製品《せいひん》の手分解《てぶんかい》を始めてみたり。みんなで手探《てさぐ》りで進めています。前の会社には、目標になる人がいなかったけれど、あうんにはすごいなって思える人が、たくさんいます」

あうんでは決められたことを決められたようにこなすだけではなく、自分の手で毎日の仕事をつくり出していっているという実感があるのです。

最後に、今後、あうんでどんなことをやっていきたいか、田中さんにたずねてみました。

「若《わか》い人たちにもっとあうんのような働き方を知らせたいですね。それから、野宿している人や元野宿の人たちが、体力がなくなったときにもできるような仕事を増《ふ》やしたい。みんなが孤立《こりつ》しないで生きていけるような、だれでも参加できる寄《よ》り場《ば》としての役割《やくわり》も広げていきたいと思います」

ジョブコーチは「通訳《つうやく》」

障害《しょうがい》のある人と
会社をつなぐ

ジョブコーチは障害《しょうがい》のある人と会社との「通訳《つうやく》」

第一章でとりあげた寿《ことぶき》クリーンセンター、第二章のあうんは、会社では働きづらい人も助け合って働くことができる、ふつうの会社とはちがった仕事のあり方を目指す職場《しょくば》でした。そんな職場《しょくば》がたくさんあったらいいのですが、まだまだ数が少ないのが現状《げんじょう》です。

一方で、障害《しょうがい》がある人が、一般《いっぱん》の職場《しょくば》に入っていっしょに働けるようにするために、障害《しょうがい》のある人と企業《きぎょう》の両方を支援《しえん》する人がいます。

その人たちのことを「ジョブコーチ」とよびます。

ジョブコーチになって十年目の小松邦明《こまつくにあき》さんは、東京《とうきょう》都杉並《すぎなみ》区が一九九八年につくった財団《ざいだん》の職員《しょくいん》をしています。

「ジョブコーチは、障害者《しょうがいしゃ》と会社の間に入って、おたがいのことを伝える人、つまり

『通訳《つうやく》』なんです」

小松さんはとてもわかりやすく説明をしてくれました。自分がその言葉が話せなくて不安でも、通訳《つうやく》の人がいれば、自分のことを正確《せいかく》に相手に伝えてくれ、相手のことも自分にきちんと伝えてくれますね。小松さんは続けます。

「外国の人が働くときに、大切な場面では通訳《つうやく》を活用するように、障害《しょうがい》のある人が働くときにはジョブコーチが役に立ちます。

障害《しょうがい》がある人は、自分には、どんな仕事ができるのかわかっていないことも多いのです。この社会にはどんな仕事があって、職場《しょくば》ではどのように仕事を進めていくのかもよくわからなかったりします。そんなとき、『あなたにはこういういいところがあって、こういう仕事ができますよ』とか、『こんな会社があるけれど見学してみませんか？』といったことを、まず伝えます。

また、その人が会社で働き始めたとしても、会社の人たちが仕事を教えるときに、くふうが必要なこともあります。そんなとき、会社側には『ここをこう教えてあげれば、うまくできるようになりますよ』とアドバイスしたりするのです」

説明を聞いてみると、なるほど通訳《つうやく》です。障害者《しょうがいしゃ》の側にも、会社側にも、両方に役に立つ仕事です。

「就職《しゅうしょく》するためには訓練《くんれん》」から発想を転換《てんかん》

小松《こまつ》さんはつけ加えます。

「企業《きぎょう》が障害《しょうがい》のある人を雇《やと》うことを避《さ》けているとはかぎりません。どう対応《たいおう》していいかわからず、採用《さいよう》に二の足を踏《ふ》んでいるだけのことも多いのです」

じつは、一九九八年に改正された「障害者雇用促進法《しょうがいしゃこようそくしんほう》」によって、民間企業《きぎょう》では、常用雇用者《じょうようこようしゃ》（期間を決めずに雇《やと》われている人）の一・八パーセントの人数の障害者《しょうがいしゃ》を雇用《こよう》しなければいけないという決まりができました。これは、五十六人に一人は障害者《しょうがいしゃ》を雇《やと》うという計算になります。この人数より少なくしか雇《やと》っていない会社は、「障害者雇用《しょうがいしゃこよう》納付金《のうふきん》」というお金を納《おさ》めなくてはなりません。この納付金《のうふきん》は、現在《げんざい》のところ、三百人以下の規模《きぼ》の会社からは、徴収《ちょうしゅう》しないことになっています。

障害者《しょうがいしゃ》といっても、知的障害《しょうがい》、精神障害《せいしんしょうがい》、発達障害《しょうがい》などさまざまな種類があり、その人によっても状況《じょうきょう》はさまざまです。ですから、会社でどんな仕事をしてもらえばいいのか、仕事のしかたをどう教えていいのかもよくわからないことがあります。

そこで、その人のことをよく理解《りかい》したジョブコーチが「こんな仕事をこうくふうすればできます」と、「通訳《つうやく》」をすれば、会社側も安心して採用《さいよう》しやすくなります。

小松さんは、ジョブコーチが登場したいきさつについても話してくれました。

「かつて、日本では、障害者《しょうがいしゃ》は訓練《くんれん》をしてから就職《しゅうしょく》をさせようとしていました。障害《しょうがい》のある人が施設《しせつ》にいるとします。その人が数を百まで数えられないとすると、それでは就職《しゅうしょく》できないから、ここで訓練《くんれん》して数えられるようになったら就職《しゅうしょく》しましょうという対応《たいおう》をとっていました。

それでは、就職《しゅうしょく》までに二十年かかる人も、三十年かかる人もいるかもしれません。また、仮《かり》に百まで数えられるようになって就職《しゅうしょく》してみたら、じつはその仕事には、百まで数えられる必要はなかったりして、むだなことをしている場合もあります。

そこで、十数年前から、仕事に必要なことは就職《しゅうしょく》してからおぼえようというOJT《オージェイティー》（On《オン》 the《ザ》 Job《ジョブ》 Training《トレーニング》＝実際《じっさい》に仕事をしながら、仕事に必要な訓練《くんれん》を行うこと）的な考え方に、発想を変えたのです」

希望者は多いが、制度《せいど》はまだまだ ジョブコーチ

そこで必要になったのがジョブコーチです。もともと、ジョブコーチが誕生《たんじょう》したのはアメリカで、十数年前に日本にもちこまれたものです。

ジョブコーチとは、国の制度《せいど》に沿《そ》った、「職場適応援助者《しょくばてきおうえんじょしゃ》」のことです。

一定の要件《ようけん》を満たす法人《ほうじん》とその法人の職員《しょくいん》が、国の独立行政法人《どくりつぎょうせいほうじん》である「高齢《こうれい》・障害者雇用支援機構《しょうがいしゃこようしえんきこう》」が実施《じっし》している研修《けんしゅう》を受けて、その後、ジョブコーチとして活動を

すると、その法人に一日あたり一万四千二百円が支給《しきゅう》されるという制度《せいど》です。国家資格《こっかしかく》ではなく、この研修《けんしゅう》を終えてから活動したら助成する、という制度《せいど》なのです。小松《こまつ》さんもこの研修《けんしゅう》を受け終えています。

この制度《せいど》にのっとって活動しているジョブコーチが今、全国に九百人くらいいます。「高齢《こうれい》・障害者雇用支援機構《しょうがいしゃこようしえんきこう》」が運営《うんえい》している、各都道府県にある「障害者職業《しょうがいしゃしょくぎょう》センター」に配置されている人もいます。

それ以外に、社会福祉《しゃかいふくし》法人やNPO《エヌピーオー》法人が、障害《しょうがい》のある人の就労支援《しゅうろうしえん》として行っている「自称《じしょう》ジョブコーチ」もあります。

国からの助成の一万四千二百円は、交通費《こうつうひ》や消耗品代《しょうもうひんだい》などをすべてふくむ金額《きんがく》です。ですから、研修《けんしゅう》を終えた職場適応援助者《しょくばてきおうえんじょしゃ》が社会福祉《しゃかいふくし》法人にいて、ジョブコーチの仕事をしていたとしても、その人の人件費《じんけんひ》がすべてまかなえるというわけではありません。

「とくに若《わか》い人でジョブコーチになりたいという人は多いんです。でも、まだまだ待《たい》遇《ぐう》が低く、この待遇《たいぐう》ではなかなか暮《く》らしてはいけません。国家資格《しかく》ができるほうがいいのかどうかはわかりませんが、ある程度《ていど》の待遇《たいぐう》が保障《ほしょう》されて、専門的《せんもんてき》な技能《ぎのう》をもつジョブコーチが、きちんと育っていくしくみは必要でしょう」

小松さんは、そう言います。

ジョブマッチングはその人と職場《しょくば》のことを理解《りかい》したうえで

では、小松《こまつ》さんに、ジョブコーチの具体的な仕事について、くわしく聞いてみましょう。いったいどんな仕事をするのでしょうか。

「まず重要なのが、『ジョブマッチング』といって、障害《しょうがい》のある人のできることと仕事とを組み合わせる仕事です。それを知るために、実習をやってみることもあります」

それぞれの障害《しょうがい》のある人のできること、できないことを正確《せいかく》に把握《はあく》していないと、ジョブマッチングはうまくいきません。小松さんは次のように話しました。

「こんな失敗をしたことがあります。本人と面接《めんせつ》をしたら、ある程度《ていど》コミュニケーショ

ジョブコーチの仕事の流れ

1　障害《しょうがい》のある人へのアセスメント
ジョブコーチと本人が、
自分のできること、できないことをよく知り、共有する。

↓

2　職場開拓《しょくばかいたく》
ジョブコーチが、ハローワークの求人情報《じょうほう》などから、
その人の力が生きる職場《しょくば》を探《さが》す。

↓

3　職場《しょくば》のアセスメント
ジョブコーチがその職場《しょくば》で仕事を体験するなどしてチェックする。

↓

4　ジョブマッチング
その職場《しょくば》でどのようなくふうや改善《かいぜん》をすればよいか、
ジョブコーチと本人がいっしょに考える。

↓

5　職場《しょくば》での集中支援《しえん》
実際《じっさい》に職場《しょくば》実習を2週間するときは、初日、2日目は同行し、
しだいにジョブコーチが行く回数を減《へ》らす。

↓

6　雇用契約《こようけいやく》
必要であれば立ち会う。

↓

7　職場《しょくば》での支援《しえん》の継続《けいぞく》
職場《しょくば》の担当者《たんとうしゃ》との相談日を定期的に設《もう》けたりする。

↓

8　フェイディング
支援《しえん》を継続《けいぞく》しながら、ジョブコーチは少しずつ引いていく。

↓

9　フォローアップ
定期的に職場訪問《しょくばほうもん》したり、本人が職場《しょくば》にいるかぎり、支援《しえん》は続く。

ンがとれる人だったので、スーパーに採用《さいよう》が決まりました。青果部《せいか》に配属《はいぞく》されて、バックヤードで野菜を切ったり、袋詰《ふくろづ》めをしたりする仕事をやってくださいといわれたのです。わたしはその人が庖丁《ほうちょう》で切ることはできると思いこんでいたんです。

ところが、その人は、刃物《はもの》を持つとものすごく緊張《きんちょう》する方で、自分の爪《つめ》も切れなかったのです。ですから、野菜を庖丁《ほうちょう》で切れるわけがないですよね。配置換《はいちが》えをお願いして、袋詰《ふくろづ》めを中心にやってもらうようにしたのですが、結局離職《りしょく》することになってしまいました。その人とスーパーの両方に、申し訳《わけ》なかったです。人と職場《しょくば》のことをよくわかってマッチングするということを、おろそかにしてはいけないと学びました」

「無理ですよ」と言われても「ちょっと見せてもらえませんか」

そんな失敗もしながら、小松《こまつ》さんは少しずつ仕事のコツをつかんでいきました。

ハローワーク（公共職業《しょくぎょう》安定所、仕事のあっせんなどをする厚生労働省《こうせいろうどうしょう》の機関）が主催《しゅさい》する、障害者《しょうがいしゃ》向けの就職面接会《しゅうしょくめんせつかい》でのことです。求人企業《きぎょう》が何十社もきていて、障《しょう》害《がい》のある求職者《きゅうしょくしゃ》も千人ほどが集まっていました。

ある牛丼《ぎゅうどん》チェーン店の求人は経理事務《けいりじむ》でしたが、小松さんがそのとき担当《たんとう》していたのは知的障害《しょうがい》がある人でした。

「東京《とうきょう》都の障害者《しょうがいしゃ》向けの求人は、九割《わり》以上が事務《じむ》です。求人票を見ると、エクセル、ワード（事務処理用《じむしょりよう》パソコンソフト）のできる方、電話応対必須《おうたいひっす》、営業《えいぎょう》、CAD《キャド》（パソコン上で製図《せいず》を行うもの）のできる方……などと書かれています。そういう求人票だけ見て、『経理事務《けいりじむ》、できない、ダメだ』と思っていたら、障害者《しょうがいしゃ》は就職《しゅうしょく》はできませんよね。

ですからジョブコーチは、採用担当者《さいようたんとうしゃ》に『お店では働けませんかね』と言ってみて、『いや、無理ですよ』と言われても『ちょっと見せてもらえませんか』といったやりとりをしながら職場《しょくば》を見せてもらう、前向きな姿勢《しせい》が必要です」

あきらめていたら始まりません。この牛丼店《ぎゅうどんてん》の求人の場合も、小松さんは、経理事務《けいりじむ》は無理でも食器洗浄《せんじょう》ならできるのではないかと思って、最初は、お客としてお店にご飯を食べに行きました。そのときに食器洗浄機《せんじょうき》の位置などを確認《かくにん》して、これはいけるのではないかと思ったそうです。

しかし、別のお店に行ってみたら、カウンターがI《アイ》字型になっていました。その店の食器洗浄機《せんじょうき》の位置では、お客さんにお茶を求められると対応《たいおう》しなければいけません。しかし、その人には接客《せっきゃく》はできませんでした。そのほかのお店も調べてみると、立地条件《じょうけん》によってレイアウトがちがっていて、食器洗浄機《せんじょうき》も使いやすいタイプと使いにくいタイプがあることがわかりました。小松さんはこう言います。

「I《アイ》字型のオープンカウンターのある店に配属《はいぞく》されてしまうと、その人は働きにくいだろうということがわかったので、その会社に採用《さいよう》されたときに配属《はいぞく》の可能性《かのうせい》がある二十店舗《てんぽ》をすべて調べてまわりました。その上で、働きやすいお店を一番目から順に一《いち》覧《らん》表にして、その会社に提案《ていあん》したんです」

採用担当者《さいようたんとうしゃ》は「そこまでやるのか」と驚《おどろ》いていたそうです。

「でも、ある担当者《たんとうしゃ》から、『企業《きぎょう》はそういう提案《ていあん》を待っているんだよ』と言われたことがあります。お願いします、雇《やと》ってくださいと言われても、企業《きぎょう》は働けない人は雇《やと》わないし、どう雇《やと》ったらいいかわからないと言われて、意地になって調べたところもあるんです。結果的に、いちばん働きやすいと順位をつけたお店は、たまたまある程度《ていど》売り上げが多く、補助的《ほじょてき》な仕事もあるということで、最終的にはそのお店に配属《はいぞく》されたんです」

「簡単《かんたん》ですよ」ではすまない仕事にはくふうが必要

採用後《さいようご》の会社での仕事について、担当者《たんとうしゃ》が「簡単《かんたん》な仕事ですよ」というものでも、さまざまな障害《しょうがい》のある人にとっては、ていねいな説明や手順のくふうが必要な場合がほとんどです。

「たとえば牛丼店《ぎゅうどんてん》で、食べ終わった食器を食器洗《しょっきあら》い機《き》に入れる仕事をするとします。お店の方は、『食器をちょっとたわしでこすって、食器洗浄機《せんじょうき》に入れるだけだから』と言われるのですが、忙《いそが》しいと食器がたまってしまうことがあって、そのときにどうするかとか、食器洗《しょっきあら》い機《き》の種類によっては、食器の並《なら》べ方によって効率《こうりつ》が変わってきます。上から順番に皿を出し入れすればいいのか、底のほうから小さい皿を先に取ったほうがいいのか、といったことです。また、洗《あら》い終わった皿を積むにしても、高温のお湯で洗《あら》っているため、熱くて急には持てないんです。

そんなふうに、じつはぜんぜん〝簡単《かんたん》〟ではないんですよ」

小松さんたちジョブコーチは、自分で実際《じっさい》にそのお店などで働いてみて、その障害《しょうがい》のある人が働いた場合の問題点を洗《あら》い出すことがよくあります。小松さんは飲食店での食《しょっ》器洗浄《きせんじょう》だけではなく、衣料品店での服たたみや、会社での郵便物《ゆうびんぶつ》の仕分けなど、さまざまな職場《しょくば》に〝潜入《せんにゅう》〟した経験《けいけん》があります。

このときも、小松さんは実際《じっさい》にその牛丼店《ぎゅうどんてん》で一日、働いてみたそうです。食器を洗《あら》ったり、電子《でんし》はかり器を使って、漬《つ》け物を補充《ほじゅう》してみました。そうすることではじめて「この作業は○○さんには難《むずか》しいので、手順を書いた紙を貼《は》ってください」とか、「十皿といっても数えるのは難《むずか》しいので、皿を積《つ》み重ねて十皿になるところに線を引いておいてくだ

仕事をしやすくするくふうの例
○マニュアルを作る
①10時までにコーヒーの作り方
コーヒーマシン
ピンクのふきん
②ピンクのふきんでコーヒーマシンとワゴンをふく
③コーヒーマシンをワゴンにセットする
○メニューを写真にする
らあめんの作り方
1. 液体スープ・粉末スープ・ラード1袋ずつ
2. ゆでめん機の熱湯3杯
3. 湯切りしためん
4. チャーシュー1枚・ゆでたまご半身1コ・ほうれん草・わかめ・なると2枚・めんまを盛りつける
5. 真ん中にねぎ
6. わりばし・レンゲ・こしょう
めんま
なると
わかめ
ほうれん草
ゆでたまご
チャーシュー
「適当《てきとう》に用意しておいて」ではなく…
・いつもこのお盆《ぼん》いっぱいになるようにお皿を用意しておく
・いつもこのふくろにいっぱいになるようにトイレットペーパーを入れておく

さい」といった提案《ていあん》ができるのです。

相思相愛《そうしそうあい》の雇用《こよう》を目指そう！

同じ牛丼店《ぎゅうどんてん》に二人目の障害者《しょうがいしゃ》を紹介《しょうかい》するときからは、小松《こまつ》さんは、本人とこんなやりとりをしました。

「牛丼《ぎゅうどん》、好きですか？」

「好きです」

「この会社のお店に行ったことがありますか？」

「あります。○○のお店です」

「じゃあもう一度、どんな仕事をしているのか、仕事を見るっていうつもりで、わたしといっしょにご飯を食べに行ってみようか？」

そして、いっしょにお店に行ってみて、

「お客さんは三十歳代《さいだい》ぐらいの人が多いね、忙《いそが》しそうだね。あそこに食器洗浄機《せんじょうき》があるね。あれで食器を洗《あら》うんだね。向こうに冷蔵庫《れいぞうこ》があって、なにか出したね。お米を洗《あら》うのもボタンでできるかもね。どの仕事やってみたい？」

と、職場《しょくば》のようすを伝えながら話しました。すでにその店で働いている障害者《しょうがいしゃ》のようすも見ながら、この店でどんな仕事がしたいか、履歴書《りれきしょ》の志望動機《しぼうどうき》を書けるようになってから、面接《めんせつ》に行くようにしたそうです。

じつは以前、そのお店の牛丼《ぎゅうどん》を食べたこともない人を面接《めんせつ》に連れていって、その人が採用担当者《さいようたんとうしゃ》からの質問《しつもん》に素直《すなお》に「牛丼《ぎゅうどん》は好きじゃありません」と答えたことを経験《けいけん》しているからです。

小松さんは、ある会社の採用担当者《さいようたんとうしゃ》から、「相思相愛《そうしそうあい》の雇用《こよう》を目指そう」と言われたことがあります。

「会社も障害《しょうがい》をもって働く人も、おたがいのことがよくわかって、好きになって、この仕事がしたいと思えるところまでサポートしたいです。企業《きぎょう》も、そういう愛着や意欲《いよく》をもっている人を雇《やと》いたいと思いますよね」

ジョブマッチングがうまくいって、採用《さいよう》ということになると、ジョブコーチの仕事は終わるわけではありません。

就職《しゅうしょく》した職場《しょくば》に、はじめは週一回行って本人と会社のようすをみて、それぞれの相談《そうだん》に乗ります。その後は二週間に一回、一か月に一回などと回数を減《へ》らしていき、最終的には三〜四か月に一回になっていきます。その後も、ときどき職場《しょくば》を訪問《ほうもん》したり、家族に連絡《れんらく》したり、たまにはみんなで集まってもらったりするなどしてようすを把握《はあく》します。

ジョブコーチの仕事は、ずっと続くのです。

もっと多くの障害者《しょうがいしゃ》が働けるように

小松《こまつ》さんの所属《しょぞく》する財団法人《ざいだんほうじん》で、障害《しょうがい》のある人がどんな仕事についたのか聞きました。

事務補助《じむほじょ》、飲食業、清掃《せいそう》がそれぞれ全体の四分の一ずつ、残りの四分の一がそのほかの仕事です。求職《きゅうしょく》している障害者《しょうがいしゃ》の年齢《ねんれい》は、十八歳《さい》から四十歳代半《さいだいなか》ばくらいで、とくに二十歳代《さいだい》から三十歳代《さいだい》が多いそうです。

現在《げんざい》は、小松さんの働く財団法人《ざいだんほうじん》で受け入れているのは、知的障害《しょうがい》や発達障害《しょうがい》のある人が多いそうです。

最初は身体障害《しょうがい》、中でも肢体不自由《したいふじゆう》の人の就職《しゅうしょく》を援助《えんじょ》していて、次は聴覚障害《ちょうかくしょうがい》の人というように、しだいに就職《しゅうしょく》の機会が広がっていきました。そこでさらに、知的障害《しょうがい》のある人を受け入れ、実際《じっさい》に仕事についてもらうことができました。現在《げんざい》はさらに、知的障害《しょうがい》のある人をもっと大勢《おおぜい》受け入れよう、ということになっていると言います。

また、障害者雇用促進法《しょうがいしゃこようそくしんほう》では、精神障害者《せいしんしょうがいしゃ》は、雇用義務《こようぎむ》の対象にはなっていませんが、それぞれの会社の障害者《しょうがいしゃ》の雇用率《こようりつ》（93ページ参照）に算定することができるので、これから、精神障害《せいしんしょうがい》のある人をもっと雇《やと》おうとする会社が増《ふ》えていくだろう、と予想されています。

では、精神障害《せいしんしょうがい》や発達障害《しょうがい》のある人を多く受け入れるようにするためには、企業《きぎょう》側の対応《たいおう》のしかたに、ちがいやくふうは必要になるのでしょうか。小松さんはこう答えてくれました。

「本質的《ほんしつてき》には変わらないと思います。なにができるか、なにができないか、なにがしたいのか、そのためになにをどうやって練習するか、ということを考えて決めていくという、基本《きほん》は同じだと思うからです。

残念なことに、現状《げんじょう》では、障害者雇用促進法《しょうがいしゃこようそくしんほう》で定められた法定雇用率《ほうていこようりつ》を守るためだけに雇《やと》いたいという企業《きぎょう》も、まだまだ多いのです。

ですから、障害者手帳《しょうがいしゃてちょう》を持っていないことが多い、発達障害《しょうがい》の人を雇《やと》いたいという会社は少ないのです。そのあたりが難《むずか》しいところです」

給与《きゅうよ》は？ すぐに辞《や》めさせられたりしないの？

ところで、障害《しょうがい》のある人が働いた場合、給与《きゅうよ》はどのくらいなのでしょうか。小松《こまつ》さんに聞きました。

「わたしが働く財団法人《ざいだんほうじん》で紹介《しょうかい》している方たちは、ハローワークを通して就職《しゅうしょく》しています。ですからもちろん、最低賃金《ちんぎん》（各都道府県別に定められた最低の時給）は上回っています。ただし、最低賃金《ちんぎん》ぎりぎりという人も数多くいます。

法律《ほうりつ》で義務《ぎむ》づけられている雇用率《こようりつ》は、一人一日六時間、週三十時間で算定されます。ですから、その基準《きじゅん》に合わせて雇《やと》う企業《きぎょう》がやはり多いです。仮《かり》に現在《げんざい》の東京《とうきょう》都の最低賃金《ちんぎん》の時給七百六十六円で、週三十時間働くとすると、月給は九万五千円程度《ていど》。手取りは八万円ぐらいになります」

障害《しょうがい》がある人の給与《きゅうよ》は、なぜ、最低賃金《ちんぎん》ぎりぎりに設定《せってい》されてしまうのでしょうか。

「企業《きぎょう》が障害《しょうがい》のある人に見合った給与体系《きゅうよたいけい》をもっていないのが大きな原因《げんいん》だと思います。いきなり、一般《いっぱん》のパートの人と同じ、時給八百五十円でいいのか、というとまどいもあるようです。

食器洗浄《せんじょう》ができるようになったら時給十円アップ、調理補助《ほじょ》ができるようになったらまた十円アップ、ほかの障害《しょうがい》のある人に教えられるようになったらさらに十円アップとして、時給八百円まで上がるしくみをつくった会社もあります。

わたしたちジョブコーチが、給与体系《きゅうよたいけい》もふくめて提案《ていあん》することもあるんですよ」

すぐに辞《や》めさせられてしまうというようなことはないのか心配ですが、どうなのでしょうか。

「じつは、それはあまりないんです。積極的に障害《しょうがい》のある人を雇《やと》おうという企業《きぎょう》の責任感《せきにんかん》というか、懐《ふところ》の深さを感じます。

ただし、企業《きぎょう》側からは、『仕事は教えられても、生活に関するフォローはできない』とよく言われます。家族への連絡《れんらく》でも、事務連絡《じむれんらく》はしてくれますが、その人の精神面《せいしんめん》や健康管理面《けんこうかんりめん》などのフォローは、わたしたちジョブコーチの役割《やくわり》なんです。

順調に働き始めたけれども、注意されるとすぐ爆発《ばくはつ》してしまって気持ちのコントロールができないとか、挨拶《あいさつ》ができないといった対人関係に困難《こんなん》がある人も少なくありません。その場合、同じような仲間が集まって経験《けいけん》を話し合ったり、トレーニングをしたり、ジョブコーチが継続的《けいぞくてき》なかかわりをすることで、少しずつコミュニケーションの力を身につけていきます。

一方で、お給料をもらったからといって連日、飲みに行ってしまって、朝帰りをするようになって生活が乱《みだ》れ、遅刻《ちこく》が増《ふ》えたり、体調を崩《くず》して辞《や》めざるをえなくなってしまうという人もいます。そうなったときに、もちろんわたしたちもですが、家族の人や地《ち》域《いき》の人、職場《しょくば》の人もいっしょに、支《ささ》えていければと思っています

「障《しょう》害《がい》をもった上で働く不安はわたしたちが解《かい》決《けつ》しますよ」

障害《しょうがい》のある人と会社とをつなぐ「通訳《つうやく》」であるジョブコーチは、障害《しょうがい》のある人やその家族にとって、心強い存在《そんざい》です。さらに、いつ障害《しょうがい》をもつことになるかわからない、みんなにとって心強い存在《そんざい》といえます。

ところで、軽度の知的障害《しょうがい》や発達障害《しょうがい》では、自覚のない人もいます。自覚がないま

まに仕事の場でトラブルを起こしてしまって、自己嫌悪《じこけんお》に陥《おちい》ってしまうということもあります。そういう人にもジョブコーチは必要なはずです。

最後に、小松《こまつ》さんに、こうたずねてみました。

「まだ、ジョブコーチと出会っていないけれど、ジョブコーチを必要とする人と、これからどうやって出会っていきますか?」

「本人が障害《しょうがい》に気づいていないと、家族も気づいていないケースが多いように思います。職場《しょくば》でトラブルが続くので困《こま》って医療機関《いりょうきかん》に行ってみてはじめて障害《しょうがい》がわかり、支援《しえん》を頼《たの》まれるということもあります。

ただし、そういった障害《しょうがい》に気づいていない人とどう出会うかというのは、これからの課題です。ご本人もどこに相談に行ったらいいか、わかっていないことが多いでしょうから、医療機関《いりょうきかん》やハローワークとわたしたちが連携《れんけい》して、相談先として紹介《しょうかい》してもらえるようになればいいと思います。

まずは、障害《しょうがい》をもった上で働く不安は、わたしたちジョブコーチが解決《かいけつ》していきますよ、というしくみを、もっと広く伝えていくことが大切なのでしょうね」

コラム

「障害《しょうがい》がある人といっしょに働くために」

さまざまなしくみや考え方を利用して

日本には、身体障害者《しょうがいしゃ》が約三百六十六万人、知的障害者《しょうがいしゃ》が約五十五万人、精神障害者《せいしんしょうがいしゃ》が約三百三万人いるとされています（平成《へいせい》二〇年版《ばん》「障害者白書《しょうがいしゃはくしょ》」）。合計すると、日本の障害者《しょうがいしゃ》はのべ約七百二十四万人ということになります。日本の人口が一億《おく》二千七百万人くらいですので、障害《しょうがい》が重複《ちょうふく》している人の分を引いて考えると、およそ二十人に一人は、なんらかの障害《しょうがい》をもっていると考えてよいと思います。

二〇〇四年に一部改正された障害者基本法《しょうがいしゃきほんほう》の第3条《じょう》には、次のように書かれています。

「すべて障害者《しょうがいしゃ》は、個人《こじん》の尊厳《そんげん》が重んぜられ、その尊厳《そんげん》にふさわしい生活を保障《ほしょう》される権利《けんり》を有する。

2 すべて障害者《しょうがいしゃ》は、社会を構成《こうせい》する一員として社会、経済《けいざい》、文化その他あらゆる分野の活動に参加する機会が与《あた》えられる。

3　何人《なんびと》も、障害者《しょうがいしゃ》に対して、障害《しょうがい》を理由として、差別することその他の権利《けんり》利益《りえき》を侵害《しんがい》する行為《こうい》をしてはならない」

とくに最後の3項《こう》は二〇〇四年に新たに書き加えられた項目《こうもく》です。障害《しょうがい》があるからといって、差別されることを禁止《きんし》しています。

しかし実際《じっさい》には、障害《しょうがい》のある人が就職《しゅうしょく》をしたり、中途《ちゅうと》で障害《しょうがい》を負ってしまった人が仕事を続けていくことは、とても難《むずか》しいのが現状《げんじょう》です。

障害者《しょうがいしゃ》の雇用《こよう》を進めるための制度《せいど》

「障害者雇用促進法《しょうがいしゃこようそくしんほう》」では、すべての事業主は、進んで身体障害者《しょうがいしゃ》または知的障害者《しょうがいしゃ》の雇《やと》い入れに努めなければならないということが明記されています。

そして、一九九八年七月からは、一般《いっぱん》の民間企業《きぎょう》では一・八パーセントなどと、一定の割合《わりあい》（法定雇用率《こようりつ》）以上の身体障害者《しょうがいしゃ》および知的障害者《しょうがいしゃ》を雇用《こよう》することが義務《ぎむ》づけられています。

それでは、実際《じっさい》に民間企業《きぎょう》は、障害者《しょうがいしゃ》をどの程度《ていど》雇用《こよう》しているのでしょうか。毎年少しずつ改善《かいぜん》してきているものの、民間企業《きぎょう》が障害者《しょうがいしゃ》を実際《じっさい》に雇用《こよう》している割合《わりあい》（実雇用率《こようりつ》）は一・五九パーセント（二〇〇八年）にとどまっています。

法定雇用率《こようりつ》を達成している企業《きぎょう》の割合《わりあい》も、四十四・九パーセントと、半数を下回っているのが現状《げんじょう》です。

障害者《しょうがいしゃ》の雇用《こよう》を促進《そくしん》するため、国は「障害者雇用納付金制度《しょうがいしゃこようのうふきんせいど》」を定めています。従業員《じゅうぎょういん》数三百一人以上の民間企業《きぎょう》などのうち、法定雇用率《ほうていこようりつ》を達成していない企業《きぎょう》は、障害者雇用納付金《しょうがいしゃこようのうふきん》を納《おさ》めることが義務《ぎむ》づけられています。二〇一〇年からは、従業員《じゅうぎょういん》数二百一人以上の企業《きぎょう》、二〇一五年からは従業員《じゅうぎょういん》数百一人以上の企業《きぎょう》が納付金《のうふきん》の対象になります。

そうして集められた納付金《のうふきん》を運用して、法定雇用率《ほうていこようりつ》を達成している企業《きぎょう》を対象に「障害者《しょうがいしゃ》雇用調整金《こようちょうせいきん》」を支給《しきゅう》したり、設備改造《せつびかいぞう》のための費用《ひよう》など、各種助成金を支給《しきゅう》しています。

障害者《しょうがいしゃ》の雇用《こよう》を積極的に行っている企業《きぎょう》の一つに、株式会社ユニクロがあります。厚生労働省《こうせいろうどうしょう》がまとめた障害者雇用率《しょうがいしゃこようりつ》ランキング（二〇〇八年六月現在《げんざい》）によると、ユニクロの障害者雇用率《しょうがいしゃこようりつ》は八・〇六パーセントです。従業員《じゅうぎょういん》五千人以上の民間企業《きぎょう》の中で第一位で、これは三年連続です。

ユニクロで採用《さいよう》されている障害者《しょうがいしゃ》でいちばん多いのは知的障害者《しょうがいしゃ》で、全体の七割《わり》くらいになるそうです。各店舗《かくてんぽ》に段《だん》ボールで届《とど》く商品を一点一点取り出して、商品の種類別、サイズ別、色別に並《なら》べ直す作業や、店舗《てんぽ》の清掃《せいそう》作業などを担当《たんとう》しています。

採用《さいよう》は、地域《ちいき》ごとに設置《せっち》されている「障害者職業《しょうがいしゃしょくぎょう》センター」に登録している障害者《しょうがいしゃ》が応《おう》募《ぼ》するケースが多いそうです。第三章で紹介《しょうかい》したジョブコーチや「トライアル雇用《こよう》」の期間を経《へ》てから、本採用《ほんさいよう》になります。

「福祉《ふくし》から雇用《こよう》へ」は実現可能《じつげんかのう》？

二〇〇七年、厚生労働省《こうせいろうどうしょう》は「福祉《ふくし》から雇用《こよう》へ」推進《すいしん》五か年計画を発表しました。

主な内容《ないよう》は以下のようなものです。

・二〇一三年度に、雇用《こよう》されている障害者《しょうがいしゃ》の数を六十四万人にする。
・二〇〇八年度から二〇一二年度の間に、ハローワークで二十四万人の障害者《しょうがいしゃ》の就職《しゅうしょく》を実《じつ》現《げん》する。

なお、障害者《しょうがいしゃ》の就職《しゅうしょく》をあっせんする仕事は、ハローワークだけでなく、民間の人材紹介《しょうかい》会社でも取り組みが増《ふ》えてきています。

このように、厚生労働省《こうせいろうどうしょう》が「福祉《ふくし》から雇用《こよう》へ」という計画を進めている背景《はいけい》には、二〇〇五年に成立した「障害者自立支援法《しょうがいしゃじりつしえんほう》」という法律《ほうりつ》が大きく関係しています。この法《ほう》律《りつ》には、「働く意欲《いよく》と能力《のうりょく》のある障害者《しょうがいしゃ》が企業《きぎょう》などで働けるよう、福祉《ふくし》側から支援《しえん》する」とうたわれています。

そして国は障害者《しょうがいしゃ》の自立をサポートする一方で、これまで障害者《しょうがいしゃ》が受けていたさまざまなサービスを、収入《しゅうにゅう》に応《おう》じてではなく、受けたサービスの値段《ねだん》に応《おう》じて、その金額《きんがく》の一割《わり》を請求《せいきゅう》することに決めたのです。

これに対し、障害《しょうがい》当事者の人たちから、障害者自立支援法《しょうがいしゃじりつしえんほう》に対する見直しの大きな声もあがっています。それは、障害者《しょうがいしゃ》が働きながら自立して、安定した収入《しゅうにゅう》を確保《かくほ》するところまでの状況《じょうきょう》には至《いた》っていないからです。

全国に六千か所以上ある共同作業所などで働いている多くの知的障害者《しょうがいしゃ》の給料が月一万円ほどであるという事実を、みなさんはご存知《ぞんじ》でしょうか。障害者《しょうがいしゃ》が働くことで自立を目指して、すでにさまざまな取り組みもされていますが、まだ収入《しゅうにゅう》のきわめて少ない人が多い現状《げんじょう》では、負担《ふたん》はきわめて重くのしかかっているといってよいでしょう。

障害《しょうがい》のある働き手への「合理的配慮《はいりょ》」が必要

二〇〇八年の金融《きんゆう》危機《きき》を発端《ほったん》とする雇用《こよう》調整《ちょうせい》の嵐《あらし》の中で、障害者《しょうがいしゃ》も解雇《かいこ》されるなどの影響《えいきょう》が出ています。しかし、障害者《しょうがいしゃ》の雇用《こよう》をさらに推進《すいしん》していくために、職場《しょくば》環境《かんきょう》を整備《せいび》したり、サポート体制《たいせい》を用意することは、とても大切なことです。

二〇〇六年に、国連で「障害者権利条約《しょうがいしゃけんりじょうやく》」が採択《さいたく》されました。日本も二〇〇七年にこの条約《じょうやく》に署名《しょめい》しています。

国連の障害者権利条約《しょうがいしゃけんりじょうやく》は、国際法《こくさいほう》としてははじめて、障害者《しょうがいしゃ》の権利《けんり》が文章化された条約《じょうやく》で、第27条《じょう》の中に、「職場《しょくば》において合理的配慮《はいりょ》が障害者《しょうがいしゃ》に提供《ていきょう》されることを確保《かくほ》すること」という項目《こうもく》があります。

この「合理的配慮《はいりょ》」とは、どのようなことでしょうか。

働く障害者《しょうがいしゃ》への配慮《はいりょ》の例としてイメージしやすいのは、車いすを使っている人のためにスロープをつけるなど、ハードウエア上のくふうをすることでしょう。

しかし、お金をかけて設備《せつび》を改造《かいぞう》することだけが配慮《はいりょ》ではなくて、その人が仕事に使う道具などが取りやすいように、棚《たな》の低い位置に道具を置くなど、ちょっとしたくふうを考えていくことも配慮《はいりょ》のうちに入ります。

また、視覚障害者《しかくしょうがいしゃ》がいる職場《しょくば》の場合、指示《しじ》やマニュアルなどを文書だけでやりとりするのではなく、たとえば電子《でんし》メールを活用する方法があります。音声で文書を読み上げるソフトウエアを入れたパソコンがあれば、視覚障害《しかくしょうがい》のある人自身で、その文書を読むことが可能《かのう》になります。弱視《じゃくし》の人の場合は、その人が読みやすい文字の大きさやレイアウトの印刷物を渡《わた》したり、拡大《かくだい》読書器を活用してもらうことも有効《ゆうこう》です。

聴覚障害者《ちょうかくしょうがいしゃ》がいる職場《しょくば》の場合は、口頭で仕事の指示《しじ》をするかわりに、やはり電子《でんし》メールを活用することが有効《ゆうこう》です。

また、第三章で紹介《しょうかい》したジョブコーチのほかにも、「業務補助者《ぎょうむほじょしゃ》」（ヒューマン・アシスタント）という制度《せいど》もあります。

これは、聴覚障害《ちょうかくしょうがい》の人のために、手話通訳《しゅわつうやく》などで仕事上や職場《しょくば》のコミュニケーションに必要なサポートを行ったり、視覚障害《しかくしょうがい》の人のために、書類を読み聞かせるなどのサポートを行う人を配置することができる制度《せいど》です。

最後に、合理的配慮《はいりょ》を考える上で大切なことがあります。それは雇《やと》う側《がわ》が先回りして、本人の意思とは関係なく環境《かんきょう》を変えてしまうのではなく、本人の意思や選択《せんたく》を尊重《そんちょう》しながら、必要な配慮《はいりょ》を行うようにしなければならないということです。

「ダイバーシティ・マネジメント」とは？

障害者雇用《しょうがいしゃこよう》を進めていくうえで、最近よくいわれるようになったのは、「ダイバーシティ・マネジメント」という考え方です。「ダイバーシティ」とは「多様性《たようせい》」、「マネジメント」とは「経営《けいえい》」という意味です。つまり、企業《きぎょう》などを経営《けいえい》する立場の人は、雇《やと》う人の多様性《たようせい》を考えながら雇用《こよう》したほうがよいという考え方です。

同じような立場の人（たとえば、男性《だんせい》の三十歳代《さいだい》で、日本人だけ）で集まっている組織《そしき》よりも、さまざまな年齢《ねんれい》、男性《だんせい》と女性《じょせい》、さまざまな学歴の人、日本人と外国から来た人、障害《しょうがい》のある人とない人、結婚《けっこん》している人と未婚《みこん》の人、子どもがいる人といない人などができるだけ混《ま》じり合って、いっしょに働いている職場《しょくば》のほうが、さまざまな考え方が反映《はんえい》できるといわれています。たとえば、商品を開発したり、サービスを提供《ていきょう》する、マーケティング調査《ちょうさ》をするといった場合に、より有効《ゆうこう》な意見が出て、ビジネス的にも有効《ゆうこう》であると考えられるようになってきました。

たとえば、ある会社が子ども向けのおもちゃを開発するプロジェクトをつくったとします。ところがそのプロジェクトのメンバーに、独身《どくしん》の男性《だんせい》で障害《しょうがい》のない人ばかり集めてしまったり、または実際《じっさい》に子どもをもつ母親だけの社員を集めてしまったりするよりも、さまざまな立場の人がかかわったほうが、いろいろな角度から意見が出せて、おもしろい商品が開発できる可能性《かのうせい》が広がると考えられるのです。

「ダイバーシティ・マネジメント」という考え方も活用しながら、障害《しょうがい》があるというだけで差別されたり、排除《はいじょ》されることがなくなり、雇《やと》う側も、障害《しょうがい》がある・障害《しょうがい》がないといった理由だけでその人を判断《はんだん》しないようになる社会が望まれます。

（ライター　椎名《しいな》めぐる）

都会の人と つながって ふるさとを守りたい

人まかせにしないまちおこしを

山に囲まれた谷あいのまち
群馬県神流町《ぐんまかんなまち》

第一章に登場した家電製品《せいひん》の手分解《てぶんかい》の講師役《こうしやく》の鈴木剛《すずきたけし》さんに、講習会《こうしゅうかい》の一か月後、群馬県多野郡神流町《ぐんまたのかんなまち》でお会いしました。

神流町《かんな》は、群馬県《ぐんま》南西部の埼玉県《さいたま》との県境《けんざかい》にあります。清流・神流川《かんながわ》と山に囲まれた谷にある小さな町です。二〇〇三年に、隣《とな》り合った万場町《まんば》と中里村《なかざと》が合併《がっぺい》して「神流町《かんな》」となりました。

市街地である町役場周辺の標高は、三百四十メートルですが、周辺の山は標高一千メートル級。平らな土地がほとんどなく、農地は斜面《しゃめん》を利用した段々畑《だんだんばたけ》が主です。水田はありません。

東京《とうきょう》から行くと、関越《かんえつ》自動車道を本庄児玉《ほんじょうこだま》インターチェンジで下りてから、約一時間。はじめは収穫期《しゅうかくき》を迎《むか》えた黄金色の田んぼが広がっていましたが、いつの間にか川沿《かわぞ》いの山道になってきました。

「神流町《かんな》までに、なんとカーブが八十八個《こ》もあるんですよ。道々、ちゃんとその数を示《しめ》す標識《ひょうしき》が立っていますから」と、鈴木《すずき》さんが教えてくれました。鈴木《すずき》さんは労働者《ろうどうしゃ》協同組合《きょうどうくみあい》（32ページ参照）をつくることが仕事で、この町でも活動しているのです。

人口は、一時は万場《まんば》町と中里《なかざと》村合わせて一万人にもなったそうですが、現在《げんざい》は、二千六百四十人。高齢者比率《こうれいしゃひりつ》は五十パーセント以上です。神流《かんな》町に住む人の二人に一人は六十五歳《さい》以上ということになります。山に囲まれ、これといった産業はなく、過疎化《かそか》が進んだ高齢者《こうれいしゃ》の多い町といえます。

残った食品から堆肥《たいひ》を作る

神流町《かんなまち》のメインストリートである川沿《かわぞ》いの国道から、けわしい山道を少し上ると、開けた場所に、「堆肥化《たいひか》センターかんな」という施設《しせつ》がありました。

ここは、学校給食などで出た食品の残りをリサイクルし、堆肥《たいひ》にするための施設《しせつ》です。

同じ群馬《ぐんま》県の佐波《さわ》郡玉村町《たまむらまち》にある労働者協同組合《ろうどうしゃきょうどうくみあい》であり、リサイクルや介護《かいご》事業などを行っている「群馬《ぐんま》中高年雇用福祉事業団《こようふくしじぎょうだん》」が、二〇〇五年に開設《かいせつ》しました。

堆肥《たいひ》といえば、落ち葉やわらなどに家畜《かちく》のふんを混《ま》ぜて発酵《はっこう》させた肥料《ひりょう》のことをいいますが、ここでは、学校給食など、食品の残りを使っています。

食品の残りを五十パーセント、おがくずの粉を二十パーセント、戻《もど》し堆肥《たいひ》（完成した堆肥《たいひ》を種菌《たねきん》としてもどす）を二十五パーセント、米ぬかを五パーセントの割合《わりあい》で混《ま》ぜ、そこへ、糖蜜《とうみつ》や菌《きん》の発酵《はっこう》を助けるものを溶《と》かした水を入れ、さらに混《ま》ぜます。

それを攪拌《かくはん》し、水分が四十パーセント程度《ていど》になるようにして積んでおくと、発酵《はっこう》が進んで温度が高くなります。

「手を入れてみてください」と言われ、堆肥《たいひ》の山に手を入れてみると、とても温かく、まるで砂風呂《すなぶろ》のようです。しかも、酒粕《さけかす》のような甘《あま》いにおいがするだけで、いやなにおいはまったくしません。主に乳酸菌《にゅうさんきん》が発酵《はっこう》することで、温度が六十度から七十度まで上がり、大腸菌《だいちょうきん》など、食品を腐敗《ふはい》させる菌《きん》や雑草《ざっそう》の種は死滅《しめつ》してしまいます。

ここでは、月に百トンの堆肥《たいひ》を生産することができます。これらの堆肥《たいひ》は農家などに売られて、野菜作りの肥料《ひりょう》となっています。食品の残りが、また肥料《ひりょう》となって野菜の栽培《さいばい》に使われるとは、むだがありませんね。

都会の人と交流しながらまちおこしを

堆肥化《たいひか》センターでは、堆肥《たいひ》のほかに、おがくずを使ってカブトムシの幼虫《ようちゅう》を育てるためのマット（幼虫《ようちゅう》のえさ）を作っています。

そのカブトムシのマットをまちおこしに活用しているのが、労働者協同組合《ろうどうしゃきょうどうくみあい》の全国組織《そしき》にも加盟《かめい》している、「NPO法人《エヌピーオーほうじん》ネイチャーランド」です。神流町《かんなまち》の美しい自然環境《かんきょう》と自然資源《しげん》を活《い》かして、都市の人たちと交流をしながら、まちづくりを進めようとしています。

ネイチャーランドが目指すのは、主に次の四つです。

「親と子が大自然で、『共に育つ』学びの場を創造《そうぞう》する」

「若者《わかもの》たちが自立し、社会に巣立《すだ》ってゆく支援《しえん》の場とする」

「イキイキとした高齢期《こうれいき》を輝《かがや》かせる」

「都市と過疎地《かそち》の交流を通して持続可能《じぞくかのう》なまちづくりにつなげる」


具体的には次のようなことを行っています。

たとえば、都市で生活している親子を対象に、神流町《かんなまち》に一泊《ぱく》二日の日程《にってい》で来てもらいます。カブトムシ捕《と》り、川遊び、森歩き、いも掘《ほ》りなどの農業体験、そば打ち・バーベキューなど料理教室、恐竜《きょうりゅう》の化石発掘《はっくつ》（115ページ参照）などを体験してもらいます。

ただし、それらは神流町《かんなまち》の人たちが用意して、都会の人たちに楽しんでもらうというただの観光事業ではありません。都会の小中学校、児童館、保育園《ほいくえん》の先生・指導員《しどういん》やお父さんお母さんたちにもカリキュラムづくりから参加してもらい、いっしょに体験活動

栃木《とちぎ》県
群馬《ぐんま》県
茨城《いばらぎ》県
神流《かんな》町
荒川《あらかわ》
長野《ながの》県
神流川《かんながわ》
埼玉《さいたま》県
千曲川《ちくまがわ》
利根川《とねがわ》
東京《とうきょう》
山梨《やまなし》県
千葉《ちば》県
神奈川《かながわ》県

神流町
都会

を行っていくものです。

また、都市の「若者自立塾《わかものじりつじゅく》」「若者《わかもの》サポートステーション」などと連携《れんけい》して、若《わか》い人たちに神流《かんな》町に滞在《たいざい》してもらって、自然の大切さや人との絆《きずな》を学びながら、就労体験《しゅうろうたいけん》する場づくりも進めています。若《わか》い人だけでなく、高齢者向《こうれいしゃむ》けに自然を満喫《まんきつ》するハイキングコースの紹介《しょうかい》などもしています。

そして、「堆肥化《たいひか》センターかんな」と提携《ていけい》し、国産カブトムシの飼育《しいく》にカブトムシマットを使っているのです。若者《わかもの》の農業実習には、リサイクル堆肥《たいひ》を使っていくことを目指しています。

鈴木《すずき》さんが、その目的について説明します。

「カブトムシマットの通信販売《はんばい》など、売り先も広げたいと思っています。でも、単なる売買ではなく、カブトムシを飼《か》う子どもたちになるべく神流《かんな》町に来てもらって、人と人とのつながりをつくっていきたいのです」

ネイチャーランドが目指すまちおこしは、都会の人たちにただ観光に来てもらうというだけでなく、持続的《じぞくてき》な交流を目指しているわけです。

労働者協同組合《ろうどうしゃきょうどうくみあい》のしくみでまちおこしを！

「ネイチャーランド」の活動を始めたいきさつを、地元に住む「天野刃物工房《あまのはものこうぼう》」の天《あま》野賢《のけん》さんと「今井屋旅館《いまいやりょかん》」を経営《けいえい》する今井隆《いまいたかし》さんにお聞きしました。

天野《あまの》さんの先祖《せんぞ》は、水戸藩《みとはん》の刀鍛冶《かたなかじ》です。四代目の天野さんは、先祖《せんぞ》伝来の「焔鍛《ほむらぎた》え」という技法《ぎほう》に独自《どくじ》のくふうを加え、手打ちで切れ味抜群《ばつぐん》の刃物《はもの》などを作っています。

今井《いまい》さんの旅館は、もう三百五十年以上続いている、木造《もくぞう》三階建ての風情《ふぜい》ある老舗《しにせ》旅館です。

二人は三十歳代《さいだい》と四十歳代《さいだい》で、高齢化《こうれいか》の進む神流町《かんなまち》では〝若手《わかて》〟の存在《そんざい》です。

ネイチャーランド活動を始めたきっかけはなんだったのでしょうか？　天野《あまの》さんが答えてくれました。

「この町は、山間過疎地《さんかんかそち》の限界集落《げんかいしゅうらく》です。限界集落《げんかいしゅうらく》というのは、年寄《としよ》りの数が増《ふ》えて若者《わかもの》が減《へ》り、近い日には集落として機能《きのう》しなくなるといわれている地域《ちいき》のことです。この地域《ちいき》も、若《わか》い人たちがどんどんいなくなって、活力がなくなっています。わたしも以前、数年間県内の工場で働いていました。もどってきてからずっと、もう一度この町を元気づけたいと思っていました。でも、なにをどうしたらいいのかわからず、最初の一歩が踏《ふ》み出せずにいました。

そんなとき、堆肥化《たいひか》センターを運営《うんえい》している労働者協同組合《ろうどうしゃきょうどうくみあい》の人たちと出会って、話を聞くうちに、だれか一人が得をするのではなく、みんなで助け合って働いて生きていくという労働者協同組合の考え方が、この町を再生《さいせい》させるのには合っているのではないかと思ったのです。

そこで、ときどき堆肥化《たいひか》センターに通ってくる鈴木《すずき》さんたちの力も借りて、ネイチャーランドをつくったんです」

日本経済《けいざい》の変化に翻弄《ほんろう》されてきた小さな町

神流町《かんなまち》は、一九六〇年代ごろまでは、農林業がさかんでした。農産物ではこんにゃくやじゃがいもがよくとれました。神流《かんな》町のすぐ隣《となり》は、セメントで有名な埼玉《さいたま》県・秩父《ちちぶ》市です。同じ秩父古生層《ちちぶこせいそう》が連《つら》なるこの地域《ちいき》には、これらの作物が合っているのです。そのため、峠《とうげ》むこうに位置する下仁田《しもにた》町周辺は、今でもこんにゃく作りがとてもさかんです。でも、神流《かんな》町周辺ではだいぶすたれてしまいました。その理由を、今井《いまい》さんが教えてくれました。

「農業や林業が活気をなくしつつあったころ、建設業者《けんせつぎょうしゃ》、いわゆる土建屋《どけんや》さんが元気な時代があったんです。ここらは山奥《やまおく》ですから、道路を作る必要もありました。でも、さしあたって必要な道路ができてしまうと、公共工事が減少《げんしょう》して、それも衰退《すいたい》していきました。

それから、ここの特産の、三波石《さんばせき》という庭石に適《てき》した大きな石が、たくさん売れた時代もありました。ちょうどぼくらの子ども時代、高度成長期のころです。神流《かんな》川で泳いでいるそばから、大きな三波石《さんばせき》をどんどん取っていきましたよ。ところが、それもすたれてしまった。

働くところがなくなって、若《わか》い人は学校を出ると町を出ていくようになりました。わたしも、県外で料理の修業《しゅぎょう》をしてから、ここにもどったのですが」

神流《かんな》町では時代とともに産業が移《うつ》り変わり、とうとうなにもなくなってしまったような状態《じょうたい》なのです。しかし、それは神流《かんな》町だけの責任《せきにん》とは言い切れないでしょう。日本の経済《けいざい》の大きな流れに翻弄《ほんろう》され続けた小さな山あいの町。こんな町が、日本にはほかにもきっと、たくさんあるはずです。

神流《かんな》町の高齢化率《こうれいかりつ》は、その結果、五十パーセントを超《こ》えました。天野《あまの》さんが話します。

「転出《てんしゅつ》と死亡《しぼう》をふくめて、毎年町から百人がいなくなり、生まれる赤ん坊《ぼう》は一人か二人というペースです。このままでは、現在《げんざい》の人口二千六百四十人が、何年か先にはいなくなるという計算が成り立ってしまうのです。

今、転出《てんしゅつ》を食い止めることができれば、まだなんとかなるはずです。人口が流出しているのは、働く場所がないということと合わせて、都市の暮《く》らし方が取り入れられて、人と人とのつながりがなくなっていることも原因《げんいん》だと思います。

以前は、子どもが一人で歩いていても、誰々《だれだれ》さんちの子だとわかって声をかけていました。地域《ちいき》全体で子どもを育てているような感じでしたね。そういう人と人との絆《きずな》が、薄《うす》くなっているように感じます」

住民一人ひとりが危機感《ききかん》をもたないと過疎《かそ》は止められない

では、神流町《かんなまち》では、ネイチャーランドを始める前には、どんな取り組みをしていたのでしょうか。旅館のご主人である今井《いまい》さんが教えてくれました。

「わたしと天野《あまの》さんの家は、旧万場《きゅうまんば》町にあります。一九五〇年代、万場《まんば》町には、危険《きけん》物《ぶつ》の回収《かいしゅう》のしくみがなかったため『万場《まんば》かたる会』という集まりをつくって、自分たちで廃品回収《はいひんかいしゅう》を始めました。当時は、村の青年部のような感じで、四十歳《さい》定年といわれるほど、若《わか》い人たちが集まっていたそうです。二〇〇三年の町村合併《がっぺい》をきっかけに『かたる会』と名前を変えました」

神流《かんな》町の国道は、高速道路などができる前は、長野《ながの》県の佐久《さく》市方面へ抜《ぬ》ける、重要な街道《かいどう》でした。そのため、今井《いまい》さんの旅館もとても繁盛《はんじょう》していたそうです。また、養蚕《ようさん》もさかんで、今井《いまい》さんたちは、すぐ近所の家で、繭《まゆ》から生糸《きいと》を生産していたことをおぼえています。

神流《かんな》町は、対岸の山頂《さんちょう》から、町を流れる神流川《かんながわ》を横切って、十本ほどロープを渡《わた》し、八百匹《ぴき》もの鯉《こい》のぼりを泳がせる「鯉《こい》のぼり祭り」でも知られています。これは、天野さんのお父さんたちが始めた企画《きかく》だそうです。このように、神流町の人たちは、これまでにも町を活性化《かっせいか》させる取り組みをしてきました。

神流《かんな》町にはもうひとつ有名なものがあります。旧中里村《きゅうなかざと》で一九五三年に、道路工事の際《さい》に発見された「漣痕《れんこん》」という、波によってできた海底の紋様《もんよう》が化石になったものがありました。そのそばにあった「奇妙《きみょう》な穴《あな》」が、一九八五年に、日本初の恐竜《きょうりゅう》の足跡《あしあと》として発表されたのです。

そこで一九八七年に、観光の目玉として、「恐竜王国中里村《きょうりゅうおうこくなかざと》」を名乗り、恐竜《きょうりゅう》センター（現《げん》・神流《かんな》町恐竜《きょうりゅう》センター）を開設《かいせつ》しました。恐竜《きょうりゅう》の化石をはじめ、白亜紀《はくあき》には地続きだったモンゴルの恐竜《きょうりゅう》の化石から作った精巧《せいこう》なレプリカ（複製《ふくせい》）も展示《てんじ》しています。

天野《あまの》さんが今井《いまい》さんのあとを引き取りました。

「神流《かんな》町では、町を元気にしようとさまざまな取り組みが行われましたが、住民の流出は止められませんでした。

中心になって動く人だけが盛《も》り上がったり、えらい人や有名な人が来て声を高らかにまちおこしを言うだけではだめなんです。住民一人ひとりが危機感《ききかん》をもたないと、過疎《かそ》というのは止められないんだと思います。

今、わたしたちがやろうとしているのは、危機感《ききかん》をもって取り組む必要を理解《りかい》してくれる人を広げていくことです」

この町の問題は、都会の人にも他人ごとではないはず

NPO《エヌピーオー》・ネイチャーランドをつくったきっかけの一つになった人が、ほかにもいます。元・神流町助役《かんなまちじょやく》の小林一夫《こばやしかずお》さんです。小林さんは旧中里村《きゅうなかざと》の村長も務《つと》めていました。

やはり神流町《かんな》の将来《しょうらい》を真剣《しんけん》に考えている小林さんが「おもしろい若者《わかもの》がいるぞ」と鈴《すず》木《き》さんを紹介《しょうかい》したことで、今井《いまい》さんや天野《あまの》さんたち、若手《わかて》がまとまったのです。

小林さんはふるさとへの思いを、こう語ってくれました。

「神流川《かんながわ》は、千曲川《ちくまがわ》、荒川《あらかわ》とその源流《げんりゅう》を同じにしています。このあたりの山が、分水《ぶんすい》嶺《れい》となっているのです。はるか昔、日本武尊《やまとたけるのみこと》が戦った際《さい》、その血が千曲《ちくま》川に、その武具《ぶぐ》が荒川《あらかわ》に、そして神々の遺体《いたい》が流れていったのが、この神流川《かんながわ》だという伝説があります。

わたしの先祖《せんぞ》は、戦国時代の終わりごろに、ここに住み着いたといわれています。こ

んな急な斜面《しゃめん》にはりつくような土地に、どこから、なぜやってきたのかはよくわかりません。でもそれからずっと、ここで暮《く》らしてきたのです。

この神流町《かんなまち》には、わたしの家のように、急な斜面《しゃめん》に、まるで平家《へいけ》の落人《おちうど》のようにして住み着いた集落がほかにもあります。こんなに長い間人が住んできた土地を、わたしたちの代で村を捨《す》てて都会へ去ってしまっていいものか。わたしたちのような運命に出会ったものは、だれしもそう思うでしょう。

神流川《かんながわ》には、東京《とうきょう》の水がめである下久保《しもくぼ》ダムや、発電所もあります。その流れは、利根川《とねがわ》と合流し、関東《かんとう》平野を下って、太平洋《たいへいよう》へ流れていくのです。ふるさとの管理人であるわたしたちが村を捨《す》てたら、山は荒《あ》れて、川の水量は激減《げきげん》してしまいます。そうなってほんとうに不都合なのは、都会の人たちではないでしょうか。

ですから、この町の直面している問題は、都会に住んでいる人たちにとっても、けっして他人ごとではないと思うのです」

キーワードは「協働《きょうどう》」

小林《こばやし》さんのこんな思いも共有したうえで、ネイチャーランドはできました。

直接《ちょくせつ》のきっかけは、今井《いまい》さんや天野《あまの》さんが、たまたま堆肥化《たいひか》センターにかかわる人たちの集まりに参加したときのことでした。カブトムシ飼育《しいく》で有名な人に会ったことで、堆肥《たいひ》やカブトムシでまちおこしができるかもしれないと考え、事業を立ち上げることになったのです。

しかし、それは、ただ売ってもうければいい、という考え方ではありませんでした。お金に振《ふ》り回されて、地域《ちいき》がすたれていくのをずっと見てきた人たちです。しかも、今度うまくいかなければ、ふるさとが消えてしまうかもしれない。そんな危機感《ききかん》をもってのぞんだ彼《かれ》らの結論《けつろん》はこうでした。

働く人どうしの協働《きょうどう》、モノの売り買いをする人（利用者）たちの協働《きょうどう》、事業というベースだけではなく、直接《ちょくせつ》お金にならなくても手伝ってもらえるなど、周辺のコミュニティーが元気になるような地域《ちいき》での協働《きょうどう》。これらが達成されてこその事業と考えたのです。

このような考え方にもとづいて、ネイチャーランドでは、この章のはじめに紹介《しょうかい》したような、都会の人との交流事業を進めつつあるのです。

人を出し抜《ぬ》くでもなく人まかせにするでもなく

最後に、ネイチャーランドでは、これからどんなことをしようと考えているか聞いてみました。天野《あまの》さんが答えます。

「これからやろうとしているのは、町のお年寄《としよ》りにカブトムシを飼育《しいく》してもらって販《はん》売《ばい》することです。たいした金額《きんがく》にはならないかもしれませんが、生きがいとしてやってみてもらえたらと考えています。それに、お年寄《としよ》りは山で暮《く》らす知恵《ちえ》やノウハウをもっています。交流するなかで、そういった知恵《ちえ》も伝えてもらえればいいですね」

堆肥化《たいひか》センターの堆肥《たいひ》を使ってカブトムシを育てて売るということですが、ただ単に売るのではないと、天野《あまの》さんは強調します。

「大切なのは、声を出せない生き物を飼育する気くばりと、生命の大切さを学び、実感してもらいたいということです。それに、都会の人が骨休《ほねやす》めに来て『いいところだったね』で終わってしまうのではなく、なにかを得てもらって、変化をうながしたいと考えています。

今の時代は、都市部の人との交流や、地域間《ちいきかん》の交流が不可欠《ふかけつ》です。たとえば、『命と自然の学校』という、学びの要素《ようそ》を中心とした林間学校をつくりたいです。いろいろな計画をつくり、子どもだけでなく、シニアの方、障害《しょうがい》のある方にも来てもらえるよう考えています」

なぜネイチャーランドは労働者協同組合《ろうどうしゃきょうどうくみあい》のしくみを参考にしたのでしょうか。これには今井《いまい》さんが答えてくれました。

「この町が過疎化《かそか》して衰退《すいたい》していくなかで、だれかひとりがいい暮《く》らしをしようとしても、無理なんです。労働者協同組合には、助け合いながらみんなで発展《はってん》していく理念やノウハウがあるように思います。

ひとりが出し抜《ぬ》いていい思いをするのでもなく、人まかせにして自分はなにもしないのでもない。だれもが参加するという考え方が、神流町《かんなまち》のような限界集落《げんかいしゅうらく》のまちおこしには、合っていると思っています」

コラム

「『派遣切《はけんぎ》り』ってなに?」

「年越《としこ》し派遣村《はけんむら》」の教訓《きょうくん》は?

第一章、第二章でも紹介《しょうかい》したように、会社に雇《やと》われて働く以外にもさまざまな働き方があります。しかし、依然《いぜん》として多くの人たちは、学校を卒業するときに就職活動《しゅうしょくかつどう》（シューカツ）を経《へ》て、会社に雇《やと》われて働くことになります。

しかし、近年は、この「会社に雇《やと》われて働く」場合にも、さまざまな形態《けいたい》が現《あらわ》れています。以前は、会社に雇《やと》われるといえば、短時間のパートやアルバイト勤務《きんむ》のほかは「正社員」を意味していました。「正社員」は、その会社に直接《ちょくせつ》、期間の定めなく雇《やと》われることです。

しかし、最近では、パート、アルバイトに加えて契約《けいやく》社員、派遣《はけん》（124ページ参照）などの、正社員以外の働き手（さまざまな呼《よ》び名がありますが、ここでは「非正規《ひせいき》労働者」とします）が増加《ぞうか》しているのです。

正社員とどこがちがう？　非正規《ひせいき》労働者

こうした非正規《ひせいき》労働者について、法律上《ほうりつじょう》の定義《ていぎ》などはありません。

その特徴《とくちょう》は一般的《いっぱんてき》に、①正社員のように定年まで働くことが保障《ほしょう》されているわけではなく「○年○月○日から○年○月○日」までというように働く期間に定めがある、②労働時間が正社員に比《くら》べて短い、③賃金《ちんぎん》が時給制《じきゅうせい》など正社員と異《こと》なる取扱《とりあつか》いがされている、④正社員に適用《てきよう》されている退職金《たいしょくきん》などの福利厚生《ふくりこうせい》が適用《てきよう》されない、などといわれています。

今では、非正規《ひせいき》労働者の割合《わりあい》は、働く人全体の三割《わり》を超《こ》えるまでになっています（平成《へいせい》一九年「総務省《そうむしょう》労働力調査《ちょうさ》」）。

しかし、正社員なみに残業や休日出勤《しゅっきん》があたりまえになっていたり、一定期間の定め（たとえば一年など）をしていても契約《けいやく》を更新《こうしん》しつづけ、何年もの長期間にわたって働いている非正規《ひせいき》労働者も多くなっています。それにもかかわらず、ボーナスや退職金《たいしょくきん》がないなど、とくに賃金《ちんぎん》について、正社員との間に大きな格差《かくさ》があります。

さらに、経営者《けいえいしゃ》の都合に合わせて、必要がなくなったら契約《けいやく》の更新《こうしん》をしない、いわゆる「雇《やと》い止《と》め」という実質的《じっしつてき》な解雇《かいこ》（クビ）が行われることもあります。このため、いつ契《けい》約《やく》を打ち切られるか、不安にさらされながら働いている非正規《ひせいき》労働者も少なくありません。

非正規《ひせいき》労働者は、働く者から見れば低賃金《ていちんぎん》で不安定な雇用《こよう》ですが、経営者《けいえいしゃ》から見れば安い賃金《ちんぎん》でいつでもクビにできる便利な労働力ということになります。なかでも、最近、とくに問題になっているのが「派遣《はけん》」です。

「真逆《まぎゃく》」になった派遣労働《はけんろうどう》のルール

では、「派遣《はけん》」とは、どういった働き方なのでしょうか。

正社員やパートで働く場合は、雇《やと》われた会社の上司《じょうし》の指揮《しき》命令に従《したが》って働きます。「会社」と「働く人」の二者は、一対一の関係になります。

これに対し、派遣《はけん》の場合、派遣《はけん》労働者は派遣元《はけんもと》の派遣《はけん》会社に雇《やと》われて、派遣先《はけんさき》の指揮命《しきめい》令《れい》に従《したが》って働くという、トライアングルの関係になります（125ページ参照）。

派遣元《はけんもと》は派遣先《はけんさき》と「労働者派遣契約《はけんけいやく》」を結び、派遣《はけん》労働者を派遣《はけん》することで、派遣先《はけんさき》から派遣《はけん》料金をもらい、その料金の中から派遣《はけん》労働者の給料を支払《しはら》います。

派遣《はけん》には「登録型」と「常用型《じょうようがた》」の二種類があります。登録型は、派遣《はけん》会社に登録して

直接雇用《こよう》と派遣《はけん》の働き方のちがい

●直接雇用《こよう》（正社員、パートなど）の場合

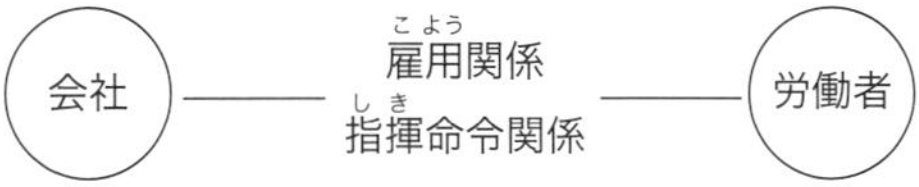

●派遣《はけん》の場合

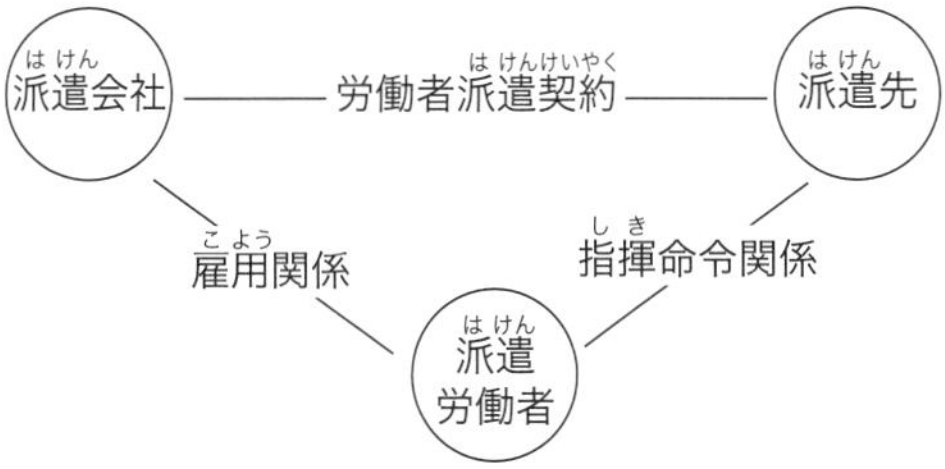

「派遣《はけん》」のうつりかわり

1986年	労働者派遣《はけん》法施行《しこう》。専門性《せんもんせい》の高い一部業務《ぎょうむ》のみ。
1996年	派遣《はけん》できる業種を26種に広げる。
1999年	港湾《こうわん》運送、建設《けんせつ》、警備《けいび》、一部の医療業務《いりょうぎょうむ》、製《せい》造業《ぞうぎょう》以外はすべて派遣《はけん》が可能に。
2004年	派遣《はけん》期間を１年から３年に。製造業《せいぞうぎょう》への派遣《はけん》を解禁《かいきん》。
2007年	製造業《せいぞうぎょう》の派遣《はけん》期間も１年から３年に。

いて、仕事のあるときだけ派遣《はけん》会社に雇《やと》われて派遣先《はけんさき》で働くものです。これに対し、常用型《じょうようがた》は仕事のあるなしにかかわらず、派遣《はけん》会社に雇《やと》われていて、派遣先《はけんさき》で働きます。

登録型は、派遣先《はけんさき》の都合によって契約《けいやく》を打ち切られれば、仕事を失ってしまう不安定な働き方です。しかも、いつでも都合よく契約《けいやく》を打ち切れるように、一か月などの短い契約《けいやく》を更新《こうしん》し続ける「細切《こまぎ》れ雇用《こよう》」が増《ふ》えています。そして、その数は、常用型《じょうようがた》とくらべると圧倒的《あっとうてき》に登録型が多くなっています。

派遣《はけん》労働に関するルールは「労働者派遣法《はけんほう》」という法律《ほうりつ》に定められています。この法律《ほうりつ》ができたのは一九八五年です。法律《ほうりつ》ができたときは、専門性《せんもんせい》の高い一部の業務《ぎょうむ》だけに派遣《はけん》労働を認《みと》めて、それ以外は禁止《きんし》していました。つまり、当時は直接雇用《ちょくせつこよう》が原則《げんそく》だったわけです。このため「専門性《せんもんせい》を生かして、働く時間を選び自由に働ける」などとして少しずつ派遣《はけん》労働が広がっていきました。

たしかに派遣《はけん》で働く場合、さまざまな職場《しょくば》を見ることができるなどのメリットはあるかもしれません。しかし、仕事が継続《けいぞく》するという保障《ほしょう》はありませんし、一定年齢《ねんれい》をすぎると紹介《しょうかい》される仕事が減少《げんしょう》する、セクシュアルハラスメントが多い、などの問題もあります。

また派遣元《はけんもと》にとって、派遣先《はけんさき》は「お客様」です。このため、派遣先《はけんさき》でトラブルが起きたときに、派遣元《はけんもと》がきちんと対応《たいおう》してくれず、苦情《くじょう》を言ったら契約《けいやく》を切られたなど、派遣《はけん》であるがゆえの問題点も指摘《してき》されていました。

しかも、バブル経済《けいざい》の崩壊以降《ほうかいいこう》に進められた規制緩和《きせいかんわ》の影響《えいきょう》をまともに受けて、派遣《はけん》できる業務《ぎょうむ》を拡大《かくだい》するなど、労働者派遣法《はけんほう》はどんどんその姿《すがた》を変えられていきました。そして、一九九九年の改正では、港湾《こうわん》運送、建設《けんせつ》、警備《けいび》、一部の医療業務《いりょうぎょうむ》、そして製造《せいぞう》業以外はすべて派遣《はけん》が可能《かのう》とされてしまいました。さらに、その後二〇〇三年の改正によって、製造業《せいぞうぎょう》への労働者派遣《はけん》が認《みと》められ、翌年《よくねん》に解禁《かいきん》されました。派遣《はけん》できる業務《ぎょうむ》を定めて、それ以外への派遣《はけん》を禁止《きんし》していた当初のルールとは、まったく逆《ぎゃく》にされてしまったのです。

派遣《はけん》労働と日雇《ひやと》い派遣《はけん》の拡大《かくだい》が生んだ「ワーキングプア」

こうして変更《へんこう》されたルールによって、派遣《はけん》労働者数は増《ふ》え続け、平成《へいせい》一九年度中に実際《じっさい》に派遣《はけん》された派遣《はけん》労働者数は、約三百八十一万二千人にまで拡大《かくだい》しました。

また、製造業《せいぞうぎょう》で働いた派遣《はけん》労働者数は、平成《へいせい》一八年度には約二十四万人でしたが、翌年《よくねん》の平成《へいせい》一九年度には約四十六万六千人と、倍近くにまで増加《ぞうか》しています。こうした数字からもわかるように、派遣《はけん》労働者として働くことは、けっして特別なことではなくなったのです。

製造業《せいぞうぎょう》の派遣《はけん》労働者の多くが派遣《はけん》される工場は、駅から車でなければ行けないような郊外《こうがい》にあります。しかも、真夜中にも働く「夜間勤務《きんむ》」も少なくありません。このため、派遣《はけん》労働者は、工場の近くに派遣《はけん》会社が用意した寮《りょう》に住むことが、働く条件《じょうけん》になっていました。

そして、派遣《はけん》労働者の給料から「家賃《やちん》の一部」として、けっして少なくない金額《きんがく》が差し引かれていました。そうなると、派遣《はけん》労働者が実際《じっさい》に手にする給料は、きわめて少ない金額《きんがく》になります。これが、働いても十分に生活できるだけの給料が得られない、いわゆる「ワーキングプア」です。

製造業務《せいぞうぎょうむ》への派遣《はけん》と同じように、派遣《はけん》労働の規制緩和《きせいかんわ》によってワーキングプアを生み出したのが「日雇《ひやと》い派遣《はけん》」です（29ページ参照）。登録型で契約《けいやく》期間は一日。まさに究極の細切れ雇用《こよう》です。しかも、その仕事の多くは軽作業とは名ばかりの重労働。にもかかわらず、一日の手取額《てどりがく》は六千~七千円程度《ていど》です。一か月に二十日働いても十二~十四万円にしかならず、日雇《ひやと》い派遣《はけん》だけで働いている人の中には、いわゆる「ネットカフェ難民《なんみん》」（138ページ参照）となっている人もいるのです。

「年越《としこ》し派遣村《はけんむら》」の発生

こうしたワーキングプアが広がっていた二〇〇八年の秋。アメリカに端《たん》を発した経済危機《けいざいき》が世界中を襲《おそ》いました。不況《ふきょう》は日本にも押《お》し寄《よ》せ、「製品《せいひん》を作っても売れなくなる」と見こんだ派遣先《はけんさき》である製造業《せいぞうぎょう》の工場は、派遣《はけん》会社との派遣契約《はけんけいやく》を一気に解消《かいしょう》しました。こうして多くの登録型派遣《はけん》労働者が働く場を失いました。これが、いわゆる「派遣切《はけんぎ》り」です。

派遣《はけん》以外で働く人もふくめ、二〇〇九年三月末までに仕事を失う人数について、厚生労働省《こうせいろうどうしょう》では十二万四千八百二人となると発表しました（二〇〇九年一月報告《ほうこく》）が、これすら氷山の一角という指摘《してき》もあります。

派遣《はけん》労働者の多くは、職場《しょくば》を失うと同時に、寮《りょう》を出るよう求められました。しかし、もともとワーキングプアで十分な貯金《ちょきん》などなく、仕事も失っているわけですから、寮《りょう》を出てもアパートを借《か》りることなどできません。わずかな蓄《たくわ》えのある人は、インターネットカフェなどに寝泊《ねと》まりし、それすらない人はホームレスとなって路上で寝《ね》るしかなくなってしまいました。そして、ネットカフェなどに寝泊《ねと》まりしていた人の中にも、次の仕事が見つからず、その後、ホームレスになる人も多数いました。

また、もともとネットカフェ難民《なんみん》だったり、ぎりぎりの生活をしていた日雇《ひやと》い派遣《はけん》労働者は、仕事を紹介《しょうかい》されなくなり生活ができなくなりました。そして、同じようにホームレスになる人もいました。

年の瀬《せ》を迎《むか》え、仕事に加えて住むところもなくしてしまった人たちを支援《しえん》するため、労働組合と市民団体《だんたい》が力を合わせ、二〇〇八年の大晦日《おおみそか》から二〇〇九年の一月五日まで、東《とう》京《きょう》都千代田《ちよだ》区の日比谷《ひびや》公園で「年越《としこ》し派遣村《はけんむら》」を開いて、食事や寝場所《ねばしょ》を提供《ていきょう》しました。村長を務《つと》めたのは、生活に困《こま》っている人の再出発《さいしゅっぱつ》を支援《しえん》するNPO《エヌピーオー》法人《ほうじん》「もやい」の事務《じむ》局長《きょくちょう》・湯浅誠《ゆあさまこと》さん（135ページ参照）です。

年越《としこ》し派遣村《はけんむら》には、開村と同時に支援《しえん》を求める人が続々と訪《おとず》れました。中には着《き》の身着《みき》のまま茨城《いばらき》県や静岡《しずおか》県から歩いてきた人、群馬《ぐんま》県から自転車で来た人もいました。また、絶望感《ぜつぼうかん》から自殺しようと思っていたところを思いとどまって来たという人もいました。そして、一月二日には二百人を超《こ》えたため、厚生労働省《こうせいろうどうしょう》に対応《たいおう》を求めたところ、国もこうした現状《げんじょう》を見過《みす》ごすことができず、厚生労働省内《こうせいろうどうしょうない》の講堂《こうどう》が開放され、約三百人の就寝《しゅうしん》スペースが確保《かくほ》されました。体育館のような広い講堂《こうどう》に布団《ふとん》が敷《し》かれた光景は、まさに災害《さいがい》で非難《ひなん》してきた人たちが集まっているようでした。

最終日までに、五百人を超《こ》える人たちが集まりました。仕事の紹介《しょうかい》に加えて、まず生活を立て直すための生活保護《ほご》の受給《じゅきゅう》の手続きなども行いました。その後も、派遣村《はけんむら》に集まった人たちへの支援《しえん》は続けられ、多くの人が住まいと仕事を得ることができました。

年越《としこ》し派遣村《はけんむら》には、支援《しえん》を求めに来た人たちだけでなく、二千人を超《こ》えるボランティアも集まりました。

多くの人たちが支《ささ》え合えたことはすばらしいことです。しかし、本来であれば、こうした派遣切《はけんぎ》りなどによる大量の失業者を出さないようにすることが必要です。そのためには、不安定な雇用《こよう》となっている登録型派遣《はけん》を原則《げんそく》として禁止《きんし》するなど、現在《げんざい》の労働者派遣法《はけんほう》を抜本的《ばっぽんてき》に改正する必要があります。

（労働ジャーナリスト　東直矢《あずまなおや》）

5

「セーフティネット」はすべての働く人を守る

貧《ひん》困《こん》とは「ため」を奪《うば》われていくこと

東京《とうきょう》都心に現《あらわ》れた「年越《としこ》し派遣《はけん》村《むら》」

二〇〇八年の年末から翌《よく》二〇〇九年の年始にかけて、銀座《ぎんざ》や皇居《こうきょ》にもほど近い、都心のど真ん中の千代田《ちよだ》区・日比谷《ひびや》公園に、「年越《としこ》し派遣村《はけんむら》」（130ページ参照）というテント村が出現《しゅつげん》しました。

二〇〇八年秋に発生した金融危機《きんゆうきき》の影響《えいきょう》を受けて、製造業《せいぞうぎょう》では減産《げんさん》があいつぎ、工場などで派遣《はけん》（124ページ参照）で働いていた人たちには「今年いっぱいで契約打《けいやくう》ち切《き》り」という事態《じたい》が多く発生しました。

製造現場《せいぞうげんば》の派遣《はけん》の人たちの多くは、寮《りょう》に住み込《こ》んでいますから、仕事と同時に住む場所も失ってしまいます。そんな人たちが次の仕事が見つからず、困《こま》って行政《ぎょうせい》の窓口《まどぐち》に出向いても、年末年始には窓口《まどぐち》が閉《し》まっていて、寒風の吹きすさぶ中、路上生活に……。

そんな事態《じたい》が予想《よそう》されました。

そこで、労働組合など民間団体《だんたい》が協力して、これらの「派遣切《はけんぎ》り」などで、仕事も住《じゅう》居《きょ》も失った人たちに、食事と宿を提供《ていきょう》することにしたのです。その一方で、生活相談や労働相談も行いました。居場所《いばしょ》をなくした人たち計五百人ほどが訪《おとず》れ、年始には厚生労《こうせいろう》働省《どうしょう》の講堂《こうどう》を開放する事態《じたい》にもなりました。

この派遣村《はけんむら》で、村長を務《つと》めたのが、一九六九年生まれの湯浅誠《ゆあさまこと》さんです。生活に困窮《こんきゅう》した人を支援《しえん》する、NPO法人《エヌピーオーほうじん》「もやい」の事務局長《じむきょくちょう》をしています。湯浅さんは一九九五年ごろから野宿生活者の支援《しえん》を始め、その後二〇〇一年から、現在《げんざい》のもやいで、ホームレスをはじめとする生活に困《こま》っている人に生活保護《ほご》（17ページ参照）受給のサポートをしたり、アパート入居時《にゅうきょじ》の保証人《ほしょうにん》になるといった活動をしてきました。

派遣村《はけんむら》が「できる」までに

湯浅《ゆあさ》さんによれば、二〇〇三年ごろから、もやいには、こんな相談が寄《よ》せられるようになったそうです。

「住むところがなくてサウナを転々としています」

「派遣《はけん》会社の寮《りょう》で暮《く》らしていますが、あと三日で寮《りょう》を出なくてはなりません。派遣《はけん》の期限《きげん》が延長《えんちょう》されなかったのです。次の仕事も、住むところも決まっていないので、途方《とほう》に暮《く》れています」

「やりたい仕事や、雇《やと》ってもらえそうなところはいくつかあるのですが、住むところがないために、採用《さいよう》を見送られています」

相談を寄《よ》せるのは、二十歳代《さいだい》、三十歳代《さいだい》の人たち。その相談の多くは「ネットカフェ」や「マンガ喫茶《きっさ》」から、フリーメールを通じて送られてきます。

年配の日雇《ひやと》い労働者から「日雇《ひやと》い派遣《はけん》」の若者《わかもの》へ

以前、湯浅《ゆあさ》さんたちは主に、「日雇《ひやと》い労働者」(15ページ参照)として働いていて、仕事につけなくなって野宿をするようになった、年配の人たちの相談を受けていました。

ところが、二〇〇三年ごろからは、「日雇《ひやと》い派遣《はけん》」などで仕事をしながらネットカフェで生活している、野宿はしていないけれどもホームレスの状態《じょうたい》にあるという人たちからの相談が寄《よ》せられるようになったというのです。

「日雇《ひやと》い派遣《はけん》」というのは、派遣《はけん》会社に登録し、携帯《けいたい》電話や携帯《けいたい》メールなどで仕事を指示《しじ》され、日々ことなる現場《げんば》へ派遣《はけん》されて働くことです。「労働者派遣法《ろうどうしゃはけんほう》」（126ページ参照）を規制緩和《きせいかんわ》し、一部の業種をのぞいて、どんな業種にでも労働者を派遣《はけん》できるようにしたために、急速に広がった方法です。

派遣先《はけんさき》の会社から派遣《はけん》会社に依頼《いらい》があったときだけ、派遣《はけん》会社は働く人と雇用契約《こようけいやく》を結びます。同じ現場《げんば》へ続けて派遣《はけん》される場合でも、日雇《ひやと》い契約《けいやく》をくり返す形をとります。給料は日払《ひばら》いで支払《しはら》われますが、相場《そうば》は日当六千円~七千円。仕事をしたくても、その日、派遣《はけん》会社から仕事の連絡《れんらく》がなければ、働くことができません。雇用《こよう》の不安定さと給料の安さから「ワーキングプアの温床《おんしょう》」ともよばれています。

ワーキングプアというのは、フルタイムで働いているか、働く準備《じゅんび》があっても、最低限度《げんど》の生活水準《すいじゅん》を保《たも》てないことをいいます。

また、住む場所も借りることができず、日雇《ひやと》い派遣《はけん》などで仕事をしながらインターネットカフェで生活している人は、「ネットカフェ難民《なんみん》」とよばれています。

「ネットカフェ」や「マンガ喫茶《きっさ》」には、インターネットを利用するためのパソコンや、マンガや雑誌《ざっし》などの読み物が置いてあります。飲み物や軽食も提供《ていきょう》し、簡単《かんたん》にシャワーを浴《あ》びることができるところもあります。

一晩《ばん》千円から二千円程度《ていど》の料金で、パソコンの置かれた小さいブースで過《す》ごすことができますが、旅館やホテルのように快適《かいてき》に眠《ねむ》れるというわけではなく、仮眠《かみん》をとるといった感じです。

日雇《ひやと》い派遣《はけん》では、給料が安いためにお金をためることができません。賃貸住宅《ちんたいじゅうたく》に入居《にゅうきょ》するには、通常《つうじょう》、最初に三、四か月分の家賃《やちん》が必要ですから、アパートを借りたりすることもできません。すると、決まった住所がないために、新たな就職先《しゅうしょくさき》に雇《やと》ってもらえないこともあります。再就職《さいしゅうしょく》をするのは、非常《ひじょう》に難《むずか》しい状況《じょうきょう》なのです。

働いているのに食べていけない社会が地盤《じばん》沈下《ちんか》している

湯浅《ゆあさ》さんによると、さらに二〇〇五年以降《いこう》、もやいには、賃貸《ちんたい》アパートに住んでいる若《わか》い世代、高齢者《こうれいしゃ》世帯、一般《いっぱん》世帯の人たちからも、「働いているのに食べていけない」という相談が寄《よ》せられるようになりました。

そんな状況《じょうきょう》を湯浅さんは、「広範囲《こうはんい》の人が下へ下へと落ちてきている」「社会が地盤沈《じばんちん》下《か》して貧困《ひんこん》が広がっている」と言います。

「いい若《わか》い者が正社員にもならないで、気楽な日雇《ひやと》い派遣《はけん》の仕事ばかりしているからだ」と言う人もいます。ほんとうにそうなのでしょうか。

日本の多くの会社では、とくに一九九〇年代から、正社員などの正規雇用《せいきこよう》をアルバイト、パート、派遣《はけん》、契約《けいやく》社員などの非正規雇用《ひせいきこよう》（122ページ参照）におき換《か》えてきました。

企業側《きぎょうがわ》の言い分は「日本の企業《きぎょう》が、労働力の安い海外とくらべて、競争力《きょうそうりょく》を失わないようにするためだ」というものでした。

企業《きぎょう》が派遣《はけん》社員などの非正規《ひせいき》労働者を雇《やと》えるようにするために、法律《ほうりつ》も変えられてきました（126ページ参照）。非正規雇用《ひせいきこよう》で働く人は、二〇〇九年現在《げんざい》、日本で働く人の三分の一の割合《わりあい》になりました。

正規雇用《せいきこよう》では、働く人は会社から直接雇《ちょくせつやと》われ、とくに働く期間を定めずに働きます。

非正規雇用《ひせいきこよう》では、実際《じっさい》に働く会社には直接雇《ちょくせつやと》われず、派遣《はけん》会社に雇《やと》われて派遣先《はけんさき》の会社で働く間接雇用《かんせつこよう》であったり、直接雇用《ちょくせつこよう》でも、契約《けいやく》社員などのように、働く期間を短く区切られていたりします。

たとえば、「海の家」やスキー場などで働くような場合は、働く期間が数か月と区切られることにも理由があるといえるでしょう。

しかし、お店で接客《せっきゃく》をしたり、品出しをしたり、工場でものを作る作業などは、仕事自体はずっとあります。それなのに会社の都合に合わせて、働く期間を、数か月から短いときは日雇《ひやと》い派遣《はけん》のように一日単位に区切られ、それを何度もくり返し更新《こうしん》しながら働く、というのです。それが今、あたりまえのように行われています。なにか変だな、と感じませんか？　働く人は、いつ雇用契約終了《こようけいやくしゅうりょう》と告げられるかわからない、不安定な状態《じょうたい》で働くことになるのです。

日本は「すべり台社会」もろいセーフティネット

湯浅《ゆあさ》さんは、今の日本の社会を「すべり台社会」とよんでいます。すべり台のように「落ちやすく、上りにくい」「すべり出したら止まらない」社会であることが、その理由です。

通常《つうじょう》、社会には、なにかトラブルがあったり、人生の中で困難《こんなん》なことや手間のかかることに直面しても生きていけるように、立ち直ってやり直すための「セーフティネット」(安全網《あんぜんもう》)とよばれるいくつもの支《ささ》えがあります。

日本にも、仕事を失った場合には「失業保険《ほけん》」、病気になったときには「健康保険《ほけん》」、子どもを産んだときは健康保険《ほけん》からの「出産育児一時金」、年をとって働けなくなったら「年金」などと、いきなり住む場所を失ったり、ご飯が食べられなくなったりする事《じ》態《たい》を避《さ》けるために、いろいろなしくみがあります。

ただし、その日本のセーフティネットのもろさを、湯浅さんは指摘《してき》します。

「日本には主に三層《そう》のセーフティネットがあるといわれています。労働、社会保険《ほけん》、公的扶助《ふじょ》です。この三つ、それぞれのセーフティネットがほころんできているのです。労働についていえば、非正規雇用《ひせいきこよう》の拡大《かくだい》で、『働けば食べていける』という状態《じょうたい》が、どんどん崩《くず》れてきています。非正規雇用《ひせいきこよう》では、収入《しゅうにゅう》も低く不安定なので、労働というセーフティネットから、すぐにこぼれ落ちてしまいます。

次のセーフティネットは、失業したときに給付金を受け取ることができる雇用保険《こようほけん》や、健康保険《ほけん》などの社会保険《ほけん》です。

この社会保険《ほけん》については、雇《やと》い主は、労働者が非正規雇用《ひせいきこよう》でも、労働時間など一定の条件《じょうけん》を満たせば、社会保険《ほけん》に加入させなければなりません。しかし、保険料《ほけんりょう》は、働く人と企業《きぎょう》のそれぞれが負担《ふたん》することになっているので、企業負担分《きぎょうふたんぶん》を支払《しはら》わないですませようと、社会保険《ほけん》に加入させない経営者《けいえいしゃ》が増《ふ》えているのです」

最後のセーフティネット、「生活保護《ほご》」は？

では、三つ目のセーフティネットはどうなのでしょうか。三つ目のセーフフティネットは、生活保護《ほご》などの公的扶助《ふじょ》です。湯浅《ゆあさ》さんは続けます。

「憲法《けんぽう》二十五条《じょう》には、『すべて国民は、健康《けんこう》で文化的な最低限度《げんど》の生活を営《いとな》む権利《けんり》を有する』と定められています。この憲法《けんぽう》二十五条《じょう》を根拠《こんきょ》に、収入《しゅうにゅう》や資産《しさん》が基準《きじゅん》に満たないときに、生活費、住居費《じゅうきょひ》、医療費《いりょうひ》、教育費などの給付を受けられる『生活保護《ほご》』という国の制度《せいど》があります。

しかし、実際《じっさい》には、国や自治体がその負担《ふたん》を避《さ》けるために、『水際《みずぎわ》作戦』といって、生活保護《ほご》を受けられるはずの人を、福祉事務所《ふくしじむしょ》の窓口《まどぐち》で追い返したりしています。ですから最後のセーフティネットである生活保護《ほご》からも、こぼれ落ちる人が大勢《おおぜい》いるのです」

湯浅さんは、日本のセーフティネットに関する特徴《とくちょう》として、もう一つ「失業と野宿が直結《ちょっけつ》してしまうこと」をあげました。

「ヨーロッパでホームレスの支援《しえん》活動をしている人が日本に来たときに、『なぜ、日本では健康な中高年の人が野宿をしているのだ？』と驚《おどろ》いていました。

ヨーロッパの主要先進国では、失業と野宿が直結《ちょっけつ》しないのです。失業と野宿の間には、就業《しゅうぎょう》機会の提供《ていきょう》と生活保護《ほご》がセットになったようなしくみや長期間の雇用保険《こようほけん》の受給など、多くのセーフティネットがあって機能《きのう》しているので、野宿生活に入るという人は、主にアルコール依存《いぞん》や薬物依存《やくぶついぞん》の人が中心になっています。

日本では、仕事につけなくなった、いわゆる『ふつうのおじさん』が野宿しています。これはいかに日本のセーフティネットが機能《きのう》していないか、ということの現《あらわ》れです。しかし、結局本人にやる気がないという自己責任論《じこせきにんろん》でかたづけられるばかりで、有効《ゆうこう》な対策《たいさく》がとられずにきました」

「貧乏《びんぼう》」と「貧困《ひんこん》」ってどうちがう？ 日本にあるの？

日本では、「すべり台」をすべり落ちてしまった人が、貧困状態《ひんこんじょうたい》におちいっている、と湯浅《ゆあさ》さんは言います。「世界の貧困《ひんこん》」などとは、みなさんも聞いたことがあると思います。しかし、この経済《けいざい》大国の日本に、ほんとうに「貧困《ひんこん》」があるのでしょうか。

湯浅さんは、こう説明します。

「まず、貧困《ひんこん》と貧乏《びんぼう》はちがうんです。

貧乏《びんぼう》というのは、お金がないことをいいますが、貧困《ひんこん》はお金がないということだけではなく、セーフティネットの穴《あな》から落ちてしまった状態《じょうたい》を指します。

たとえば、家族などの頼《たよ》れる人間関係を失っていたり、精神面《せいしんめん》で自信を失っているなど、金銭的《きんせんてき》にも、人間関係的にも、精神的《せいしんてき》にも、『ため（溜め）』が、全体として奪《うば》われている状態《じょうたい》を『貧困《ひんこん》』と言っています」

たとえば、もやいで実際《じっさい》に相談を受けた人には、次のようなケースがあったそうです。

いっしょに相談に来た、つき合い始めて四か月という二十一歳《さい》の男性《だんせい》と十九歳《さい》の女性《じょせい》は、ともに無職《むしょく》でした。男性《だんせい》の父親もホームレスで、男性《だんせい》は児童養護施設《じどうようごしせつ》で育ったあと、みずからもホームレスになりました。少年院の入所経験《けいけん》があります。女性《じょせい》は妊娠中《にんしんちゅう》で、実家にいたら無理やり中絶《ちゅうぜつ》させられそうになり、東京《とうきょう》に出てきて仕事を探《さが》していました。偶然《ぐうぜん》、もやいで保証人提供《ほしょうにんていきょう》を受けているという人と出会い、相談に来ました。

四十七歳《さい》の男性《だんせい》は、仕事についてから半年間はがむしゃらに働くのですが、責任《せきにん》ある立場につくころに糸が切れたように体が動かなくなる、というサイクルを十数年くり返していました。うつ気味《ぎみ》で、三年半前に家賃《やちん》が払《はら》えずアパートを出ました。以後、日払《ひばら》いの仕事などをしながらマンガ喫茶《きっさ》などで暮《く》らしていましたが、ついに仕事が切れて、それも限界《げんかい》になりました。「マンガ喫茶《きっさ》やサウナでの生活は疲《つか》れました」というSOS《エスオーエス》のメールを、もやいに寄《よ》せました。

このように、家族の人間関係や、精神的《せいしんてき》な自信を失い、「ため」をなくした人たちなのです。

「五重の排除《はいじょ》」で貧困状態《ひんこんじょうたい》に

湯浅《ゆあさ》さんは、もやいで相談を受けた人たちをふり返って、貧困状態《ひんこんじょうたい》におちいってしまう人は「五重の排除《はいじょ》」により「ため」を奪《うば》われていると言います。

第一に、学校教育からの排除《はいじょ》です。例外もありますが、比較的低学歴《ひかくてきていがくれき》であることが多く、つまり、早期に学校教育から見捨《みす》てられてしまった状態《じょうたい》です。

第二に、企業福祉《きぎょうふくし》、または福利厚生《ふくりこうせい》からの排除《はいじょ》です。社宅《しゃたく》や住宅手当、社員食堂や保養所の利用など、正社員が受けられるさまざまなサービスのほか、働く場でつくられる「仲間意識《いしき》」もこれにふくまれます。

第三に、家族福祉《ふくし》からの排除《はいじょ》です。さまざまな事情《じじょう》で、家族からの恩恵《おんけい》を受けることができません。金銭的《きんせんてき》に親や子どもに頼《たよ》れなかったり、そもそも頼《たよ》れる親がいない、などということです。

第四に、公的福祉《ふくし》からの排除《はいじょ》です。生活保護《ほご》を申請《しんせい》する窓口《まどぐち》で、若《わか》い人には、「親に養ってもらえ」、母子家庭には「別れた夫から養育費《よういくひ》をもらえ」と無理強《じ》いしたり、野宿生活をしている人には「住所がないと生活保護《ほご》は受けられない」と嘘《うそ》を言って追い返すということが横行しています。権利《けんり》があるにもかかわらず、生活保護《ほご》などから排除《はいじょ》されていることです。

そしてこれらの排除《はいじょ》を受けた結果として、「こうなったのは自分のせい」だとか「自分は生きる価値《かち》がない」と思いつめ、自分自身を大切に思えない状況《じょうきょう》に追いこまれます。「自分自身からも排除《はいじょ》されている状態《じょうたい》になること」。これが、五つ目の排除《はいじょ》です。

痛《いた》めつけられた羽《はね》を休め「ため」を回復《かいふく》する時間が必要

持ち家に住んでいる、親が正社員である、貯金《ちょきん》がある、いざというときに頼《たよ》れる親戚《しんせき》がいる……などなど、みなさんの生活を見回してみると、数多くの「ため」があることに気づくはずです。「ため」があるからこそ、安心して生活できるともいえるでしょう。

湯浅《ゆあさ》さんは続けます。

「貧困状態《ひんこんじょうたい》にある人は単にお金がないだけで、生活保護《ほご》などで最低限《さいていげん》の手当てをすれば、すぐにふつうの人と同じように働くことができるはずだという誤解《ごかい》があります。

しかし、五重の排除《はいじょ》によって『ため』を失って貧困状態《ひんこんじょうたい》に落ちてきている人は、痛《いた》めつけられた羽《はね》を休めて『ため』を回復《かいふく》するような期間がないと、いきなりもう一度羽《は》ばたき始めることはできないのです。

痛《いた》めつけられた期間や『ため』を失った度合いに応《おう》じて、回復《かいふく》の時間もかかります。

わたしは、そのことが多くの人に理解《りかい》されにくいと感じています。

急に仕事を解雇《かいこ》されても、実家に帰ることができる人なら急場はしのげます。でも、実家がない人や、事情《じじょう》があって実家に帰れない人はホームレス化します。ホームレスになった人はとりたてて無計画だったわけではなく、実家という『ため』がなかっただけだということです」

たび重なる排除《はいじょ》の結果としての「貧困《ひんこん》」。「貧困《ひんこん》」はけっして自己責任《じこせきにん》などではない。貧困《ひんこん》についての誤解《ごかい》をなくすために、貧困《ひんこん》と貧乏《びんぼう》はちがうということを、湯浅さんは強調することにしているのです。

セーフティネットは「お荷物」ではなく「必要経費《けいひ》」

では、貧困《ひんこん》におちいらないための日本のセーフティネットのもろさというのは、どういうことをいうのでしょうか。湯浅《ゆあさ》さんはこう説明してくれました。

「雇用保険《こようほけん》にしても生活保護《ほご》にしても、しくみはちゃんとあるんです。主に運用がうまくいっていないことが多いのが問題です。ただし、このことは、行政《ぎょうせい》だけの責任《せきにん》ではありません。セーフティネットや社会保障《ほしょう》に対する、日本で長年続いている見方に問題があるからです」

湯浅さんはこれを『セーフティネットお荷物論《ろん》』とよんでいます。

それは、「生活保護《ほご》は『努力しないやつ』や『だめなやつ』が受けるもので、なぜそんなやつのために、一生懸命《けんめい》働いている自分の税金《ぜいきん》を使われなければいけないのだ」という発想です。

「派遣村《はけんむら》に対する批判《ひはん》にも同じようなものがありました。『完全雇用《こよう》神話』があるからでしょう。そんな神話に根拠《こんきょ》はないのですが、すべての人が働いて食べていけるだけの仕事があるはずだ、だから働けなかったり、食べられなかったりするのはその人のせいだ、という思いこみです。

そのために、働けるか、働けないかが社会保障《ほしょう》を受けるか受けないかの判断《はんだん》の分かれ目になってしまっています。つまり、働けない高齢者《こうれいしゃ》や子どもは生活保護《ほご》や社会保障《ほしょう》を受けてもいいけれど、働ける人にセーフティネットを適用《てきよう》するのは、甘《あま》やかすことになるという考え方です。

この考えの影響《えいきょう》を受けて、セーフティネットからこぼれ落ちているのが、働いても食べていけないワーキングプアなんです」

湯浅さんは、「セーフティネットがあるから、それ以外の人の雇用《こよう》の質《しつ》が保《たも》たれるのです」と明確《めいかく》に言い切ります。それはなぜなのでしょうか。

「セーフティネットがしっかり張《は》ってあれば、あまりにもひどい労働条件《じょうけん》の仕事はしなくてすむようになるからです。そうすれば、法律《ほうりつ》を守らない会社やひどい待遇《たいぐう》で働かせる会社は働き手を集めることができず、なくなっていきますね。

だから、セーフティネットをしっかり張《は》るということは、労働の質《しつ》を保《たも》つために必要なことで、ひいては世の中をうまくまわすために必要なことなのです。

ですから、セーフティネットは『お荷物』ではなく『必要経費《ひつようけいひ》』であるという見方へ転換《てんかん》していかないといけないのです」

「ノー」と言える労働者《ろうどうしゃ》を増《ふ》やし日本の社会を底上げしたい

派遣村《はけんむら》に集まった人の中には、生活保護《ほご》を受けてアパートに入った人もたくさんいました。今までは派遣《はけん》で住み込《こ》みだったから、今度は住み込《こ》みではなく働きたい、と思うのは当然です。

「生活保護《ほご》を受けてアパートに入ったことは、かならずしも住み込《こ》みの仕事に行かなくてもいいという条件《じょうけん》をつくったことになります。だから、そういう人に対して、『仕事を選んで、ぜいたくを言うな』と批判《ひはん》する人もいます。

しかし、これは『ノー』と言えなかった労働者を『ノー』と言える労働者にしたということです。このように『ノー』と言える人を増《ふ》やしていくことは、『ぜいたく言うな』と批判《ひはん》している人自身の労働条件《じょうけん》を守っていくことにもなるのです」

同じように、セーフティネットを整備《せいび》するということは、それが税金《ぜいきん》のむだづかいだと批判《ひはん》をしている人の労働条件《じょうけん》をも守ることにつながります。

派遣村《はけんむら》では、ボランティア登録をした人は、のべ千六百人を超《こ》え、寄付《きふ》も集まりました。

派遣村《はけんむら》を訪《おとず》れて、「世の中捨《す》てたもんじゃない、もう一度やってみよう」と思って、新たなスタートを切った人たちがいます。

「派遣村《はけんむら》は、いろいろな団体《だんたい》やボランティアの人たちが協力して運営《うんえい》しました。そういうネットワークをつくりながら、各地で『ノー』と言える人を増《ふ》やし、地盤沈下《じばんちんか》している日本社会の底上げをしていきたいです」と湯浅さんは言います。

ひどい条件《じょうけん》で働かなければならない人をつくらない——そのことが、みんなの働く条《じょう》件《けん》を守るということを、忘《わす》れずにいたいものです。

コラム

「つながり合う仲間をつくりたい」

グッドウィルユニオン委員長　梶屋大輔《かじやだいすけ》さんの場合

二〇〇八年七月末、大手日雇《ひやと》い派遣《はけん》会社のグッドウィルが廃業《はいぎょう》しました。違法派遣《いほうはけん》などをくり返してきた同社に対する、派遣《はけん》事業の許可《きょか》の取り消しが確実《かくじつ》になったためです。

グッドウィルで働く人でつくる労働組合、グッドウィルユニオンの委員長を務《つと》めている梶屋大輔《かじやだいすけ》さんは、一九八二年生まれです。二〇〇七年、だれでも一人から加入できる労働組合、「フリーター全般《ぜんぱん》労働組合」(164ページ参照)の活動に参加し、同年、グッドウィルユニオンの結成にも参加しました。

グッドウィルは、「労働者派遣法《はけんほう》」(126ページ参照)で禁止《きんし》されている港湾《こうわん》労働への派遣《はけん》や、やはり禁止《きんし》されている「二重派遣《はけん》」(157ページ参照)を行っていた問題で、支店長《してんちょう》たちが職業《しょくぎょう》安定法違反《いはん》の容疑《ようぎ》で、逮捕《たいほ》もされました。

労働者派遣法《はけんほう》では、派遣《はけん》できない業務《ぎょうむ》を定めています。その主なものには、建設業《けんせつぎょう》、港《こう》湾《わん》運送業があります。これらの業務《ぎょうむ》では、歴史的に暴力団《ぼうりょくだん》による中間搾取《さくしゅ》（ピンハネ）などが横行《おうこう》し、労働者の権利《けんり》が守られてこなかったことがあったからです。

「二重派遣《にじゅうはけん》」とは、派遣《はけん》された労働者を、さらに別の企業《きぎょう》に派遣《はけん》することをいいます。本来、労働力の貸《か》し借り（労働者供給《きょうきゅう》）は、原則《げんそく》として禁止《きんし》されています。その例外として、労働者派遣法《はけんほう》に則《のっと》って行う労働者派遣《はけん》が認《みと》められています。しかし、二重派遣《はけん》は労働者派遣《はけん》の定義《ていぎ》にあてはまらず、労働力の貸《か》し借りにあたるために禁止《きんし》されています。二重派遣《はけん》をふくむ多重派遣《はけん》では、複数《ふくすう》の派遣《はけん》会社が間に入ることで、労働者が本来受け取るはずの賃金《ちんぎん》が少なくなること、派遣《はけん》会社との雇用契約《こようけいやく》が守られなくなることなどの問題もあります。

グッドウィルをはじめとする日雇《ひやと》い派遣《はけん》（128ページ参照）では、二重派遣《はけん》、禁止業務《きんしぎょうむ》への派遣《はけん》、低賃金《ていちんぎん》、不安定雇用《こよう》、労働災害《さいがい》（44ページ参照）の多発などの問題が横行《おうこう》し、労働者派遣法《はけんほう》を見直す論議《ろんぎ》のきっかけにもなりました。そのことについて、梶屋さんはこう思っています。

「日雇《ひやと》い派遣《はけん》のような働き方が広がったのは、一九九九年の派遣法《はけんほう》改正による派遣《はけん》対象業務《ぎょうむ》の原則《げんそく》自由化の結果です（125ページ参照）。派遣法《はけんほう》を制定《せいてい》した当初の趣旨《しゅし》にもどって、派遣《はけん》対象業務《ぎょうむ》は、専門性《せんもんせい》の高い業務《ぎょうむ》だけにかぎるべきです。

日雇《ひやと》い派遣《はけん》だけが問題なのではなく、仕事があるときだけ雇用契約《こようけいやく》を結ぶ『登録型派《は》遣《けん》』（124ページ参照）も原則禁止《げんそくきんし》にすべきです。マージン率《りつ》（派遣《はけん》会社が派遣《はけん》料金から自社の取り分を差し引く割合《わりあい》）の上限《じょうげん》をきちんと規制《きせい》することも重要です。

若《わか》い世代や女性《じょせい》を中心に、派遣《はけん》のような間接雇用《かんせつこよう》、都合よく使い捨《す》てようとする有期雇《こ》用《よう》も広がっています。派遣法《はけんほう》改正と合わせて、合理的な理由のない有期雇用《こよう》も禁止《きんし》してほしいですね」

「日雇《ひやと》い派遣《はけん》で働きたい人もいる」と言う人がいますが、実際《じっさい》は、ほかの仕事につけずに日雇《ひやと》い派遣《はけん》をしている人が多いと梶屋さんは言います。

「あいた時間を使いたい学生などは、直接雇用《ちょくせつこよう》の日雇《ひやと》いアルバイトすればすむことです。ぼくが学生のときはまだ学生課の掲示板《けいじばん》に、日雇《ひやと》いアルバイトの募集《ぼしゅう》がありました。最近、大学の構内《こうない》を見る機会がありましたが、日雇《ひやと》いバイトが日雇《ひやと》い派遣《はけん》におき換《か》わっている感じがしました」

梶屋さん自身は、これまでどんな働き方をしてきたのでしょう。梶屋さんは、就職氷《しゅうしょくひょう》河期《がき》といわれるなか、就職《しゅうしょく》活動で大きくつまずいたといいます。

「就職《しゅうしょく》活動に失敗し、大学在学中《ざいがくちゅう》からアルバイトをがんばって、正社員になる道を探《さぐ》りました。四年生のときは、ケーブルテレビの営業《えいぎょう》とバイク便の仕事で週六日働いて、週一日大学に行くという生活でしたが、この二つの仕事で長く働くのは無理だと思いました。

ケーブルテレビの営業《えいぎょう》は、短期に契約《けいやく》目標を達成することを求められました。

バイク便のライダーは、売り上げの三割《わり》くらいが手元に入る出来高制《できだかせい》です。順番待ちをしていても、実際《じっさい》に仕事が入らないとお金にならないのです。多くの会社が休みになるお盆《ぼん》の期間などは、待機を命じられても仕事がないので、収入《しゅうにゅう》は一日二千円くらいでした。

卒業後は、紹介《しょうかい》予定派遣《はけん》（六か月の派遣《はけん》期間中に派遣先《はけんさき》の会社で直接採用《ちょくせつさいよう》されるかどうか決まるしくみ）で精密《せいみつ》機器の営業《えいぎょう》の仕事をしましたが、派遣《はけん》期間終了《しゅうりょう》の半年で、適性《てきせい》がないとのことでクビになりました」

ところで、二〇〇八年六月に秋葉原《あきはばら》で起きた無差別殺傷事件《むさべつさっしょうじけん》は、梶屋さんにとって深く考えさせられる事件《じけん》となりました。逮捕《たいほ》された容疑者《ようぎしゃ》が派遣《はけん》労働者であり、解雇《かいこ》されると聞いて自暴自棄《じぼうじき》になり、事件《じけん》を起こしたと報《ほう》じられたからです。

梶屋さんは、この事件《じけん》の容疑者《ようぎしゃ》と同じ年齢《ねんれい》です。

「彼《かれ》は仕事をいろいろ変わっていました。わたしも今のNPO《エヌピーオー》法人《ほうじん》の事務局《じむきょく》の仕事が見つかっていなかったら、同じような職歴《しょくれき》になったと思います。工場での製造派遣《せいぞうはけん》をくり返していたら、彼《かれ》のような感情《かんじょう》になってもおかしくありません。

もう一つ共通していると思ったのは、彼女《かのじょ》ができれば人生観が変わるだろうという発想です。わたしも学生のころ、彼女《かのじょ》ができないことにコンプレックスがありました。そのことによる自信のなさが根底にあったのだと思います。就職《しゅうしょく》活動をはじめ、なにに対しても悲観的《ひかんてき》になっていた時期がありました」

彼《かれ》が追いつめられた気持ちを、梶屋さんがこう想像《そうぞう》します。

「昔は子ども時代が貧乏《びんぼう》だったり、貧乏《びんぼう》が身近だったのではないでしょうか。でも今は、ぼくもふくめて子ども時代からある程度《ていど》豊《ゆた》かなので、貧乏《びんぼう》に耐《た》える力がないと思います。それに、昔のように、この先、世の中が豊《ゆた》かになって、がんばったら生活水準《すいじゅん》が向上するという見こみもありません。

自分が育った環境《かんきょう》をベースに将来《しょうらい》をイメージして、それより厳《きび》しい生活を生きていかなければならない現実《げんじつ》に直面したときに、現実《げんじつ》を避《さ》ければ引きこもってしまうし、現実《げんじつ》を受け入れて、劣悪《れつあく》な労働条件《じょうけん》や環境《かんきょう》で働いても、希望がもてなくなってしまうでしょう」

秋葉原《あきはばら》の事件《じけん》は、個々人《ここじん》が自己責任《じこせきにん》という言葉でバラバラにされ、自分のことしか見えないようにされていること、不満をためこんで自暴自棄《じぼうじき》にならざるをえない社会の構造《こうぞう》が背景《はいけい》にある、と梶屋さんは言います。

「単純《たんじゅん》な処方箋《しょほうせん》はありませんが、大きな原因《げんいん》は雇用《こよう》の劣化《れっか》です。対処《たいしょ》のひとつとしては、格差《かくさ》を縮《ち》めて、だれもが、生きていける給料が得られるようにすることがあります。事件《じけん》のことを聞いたときに思ったのは、あの工場にフリーター労組《ろうそ》なり個人加盟《こじんかめい》のユニオン（163ページ参照）があれば、なにかがちがったかもしれない、ということです。つながり合う仲間をつくって、間接雇用《かんせつこよう》や有期雇用《こよう》を拡大《かくだい》し、放置している国の運営《うんえい》を変えるような運動を続けていきたいです」

（初出：『社会新報』二〇〇八年八月六日号「旬の人インタビュー」を改稿）

おわりに

働く条件《じょうけん》は変えられる！

ここ数年、非正規雇用《ひせいきこよう》が増大《ぞうだい》し、雇用《こよう》が劣化《れっか》していくのに対抗《たいこう》して、フリーターなど非正規雇用《ひせいきこよう》の若《わか》い世代が中心になって運営《うんえい》する個人加盟《こじんかめい》の労働組合が、東《とう》京《きょう》、京都《きょうと》、福岡《ふくおか》などで、つぎつぎに結成されています。

本書の第五章で、湯浅誠《ゆあさまこと》さんが日本のセーフティネットのもろさについて指《し》摘《てき》していますが、これらの活動は、「働いていれば食べていける」状態《じょうたい》をつくっていく、セーフティネットを張《は》り直す活動だといえます。

みなさんは、「労働組合」って、聞いたことがあるでしょうか？

労働組合とは、働く人どうしが助け合い、力を合わせて、会社との団体交渉《だんたいこうしょう》などを通して雇用《こよう》を守ったり、労働条件《じょうけん》を向上しようとする、労働者自身が運《うん》営《えい》する組織《そしき》のことです。労働組合の活動は、憲法《けんぽう》や労働組合法で保障《ほしょう》されていて、労働者が二人以上集まれば、労働組合をつくることができます。

第二次世界大戦以降《いこう》、日本では企業《きぎょう》ごとにつくる労働組合が主流でした。高度経済《けいざい》成長期まではその活動もかなり活発でしたが、バブル経済《けいざい》を迎《むか》えるころまでには、労働者自身の利益《りえき》より会社の利益《りえき》を優先《ゆうせん》する、いわゆる「御用《ごよう》組合」も多くなりました。また、雇用《こよう》が安定して、組合に入ること自体に意味が感じられなくなった人も多くなり、組合離《ばな》れが進んでいきました。

一方、職場《しょくば》や雇用形態《こようけいたい》を問わず、一人から加入できる地域《ちいき》単位の「合同労《ごうどうろう》組《そ》」とよばれる労働組合も、以前から存在《そんざい》していました。大企業《だいきぎょう》・男性《だんせい》・正社員中心の企業内《きぎょうない》組合に入れない、中小企業《ちゅうしょうきぎょう》・女性《じょせい》・非正規雇用労働者《ひせいきこようろうどうしゃ》の問題を中心に取り組んできました。

それらの個人加盟《こじんかめい》の労働組合は、「〇〇ユニオン」と名乗ることが多いため、個人加盟《こじんかめい》の労組《ろうそ》を単に「ユニオン」とよぶこともあります。近年、若者《わかもの》を中心に結成されている労働組合も、合同労組《ろうそ》の経験《けいけん》を受けつぎながら、それぞれのオリジナリティを生かして活動しています。

非正規雇用《ひせいきこよう》の人たちや若者《わかもの》の労働組合の多くは、労働組合であると同時に、生存《せいぞん》、つまり生きていくための組合としても機能《きのう》しています。単に労働問題を解決《かいけつ》するにとどまらず、精神的《せいしんてき》な余裕《よゆう》を得るための居場所《いばしょ》として、また、住居《じゅうきょ》の確保《かくほ》に取り組んだり食材の物々交換《ぶつぶつこうかん》をするなど、生存《せいぞん》を守る人のつながりとしても機能《きのう》しているのです。

わたしの所属《しょぞく》する「フリーター全般《ぜんぱん》労働組合」も、そんな労働組合の一つです。強い者が勝ち、弱い者は負けるという新自由主義経済《しんじゆうしゅぎけいざい》のもとで、不安定な働き方や生き方を強《し》いられる「プレカリアート」が中心の、フリーターでもだれでも、一人で入れる労働組合です。

プレカリアートというのは、「不安定な」という意味のイタリア語の「プレカリティ」と、「労働者階級」を意味するドイツ語の「プロレタリアート」を合わせた造語《ぞうご》です。

フリーター全般《ぜんぱん》労働組合の結成は、二〇〇四年。パートタイマー、アルバイター、フリーター、外国人労働者の頭文字《かしらもじ》をとった「ＰＡＦＦ《パフ》」という非正規《ひせいき》雇用《こよう》問題を考えるネットワークが母体《ぼたい》になって生まれました。結成からしばらくはイベントや勉強会中心に活動していましたが、二〇〇六年から、わたしたちの親の世代の労働組合である管理職《かんりしょく》ユニオンなどの協力を得て、労働相談や解雇《かいこ》された人と会社との交渉《こうしょう》などに、積極的《せっきょくてき》に取り組むようになりました。わたしも、ライターの仕事をしながら、相談を受けたり、会社を相手に交渉《こうしょう》をしたりしています。

現在《げんざい》の組合員は約百五十人。二十歳代《さいだい》が四割《わり》、三十歳代《さいだい》が四割《わり》、残り約二割《わり》が四十歳代《さいだい》以上という年齢構成《ねんれいこうせい》です。組合員の多くは年収《ねんしゅう》百八十万円以下で、雇用形態《こようけいたい》は、アルバイト、派遣《はけん》、請負《うけおい》、契約《けいやく》社員などの非正規雇用《ひせいきこよう》がほとんどで、正社員の組合員は数人のみです。ボランティアで、常時《じょうじ》二十件《けん》の交渉《こうしょう》を行っています。

わたしが相談を受けたり組合員の話を聞いたりして感じるのは、みんなが、働く場で自分を大切にされたり、尊重《そんちょう》された経験《けいけん》が少ないということです。

日雇《ひやと》い派遣《はけん》に典型的ですが、働く場で使い捨《す》てられることがあたりまえであるため、働くことを通じて、自信をもつという機会が少ないわけです。

ていねいに仕事のやり方を教えてもらって、仕事ができるようになって自信がつく、自信がついた結果、次のことをおぼえようという意欲《いよく》がわく――非正《ひせい》規雇用《きこよう》を転々としていると、そういうくり返しと縁遠《えんどお》くなってしまうことが多いようです。

百八十万円程度《ていど》の年収《ねんしゅう》が、この先増《ふ》える見こみもありません。学校を出て最初は正社員として就職《しゅうしょく》しても、その後ずっと非正規雇用《ひせいきこよう》だったり、最初から非《ひ》正規雇用《せいきこよう》のまま三十歳代《さいだい》後半になることも多いのです。

そこから安定した職《しょく》に就《つ》くのは困難《こんなん》で、五十歳《さい》になろうが、六十歳《さい》になろうが、親が死のうがそのまま生きていくしかない。そのことから、不安感が強くなり、人とのコミュニケーションが取りづらくなったり、精神的《せいしんてき》にきつくなりやすい仲間もいます。

つまり、仕事や生活の不安と、精神的《せいしんてき》な不安という、二つの不安に直面しているのです。

一方で、組合に加入して、仲間と協力しながら「団体交渉《だんたいこうしょう》」や「争議《そうぎ》」によって解雇《かいこ》を撤回《てっかい》させたり、支払《しはら》われるはずの給料をきちんと支払《しはら》わせるといったことを通して、やればできるということがわかり、若干《じゃっかん》の自信をつける、ということもあります。

団体交渉《だんたいこうしょう》というのは、労働組合と会社など雇《やと》い主との、正式な話し合いの場です。働く上でのトラブルを解決《かいけつ》したり労働条件《じょうけん》について決めるには、この団《だん》体交渉《たいこうしょう》で話し合うのが基本《きほん》です。

労働組合の活動は憲法《けんぽう》や労働組合法で保障《ほしょう》されていると、さきほども説明しました。そのため、労働組合が正式に団体交渉《だんたいこうしょう》を申し入れた場合は、会社はそれを拒否《きょひ》することはできません。

憲法《けんぽう》では、雇《やと》い主と比《くら》べて立場が弱くなってしまいがちな労働者が、雇《やと》い主と対等に交渉《こうしょう》し、労働条件《じょうけん》などを決められるように、三つの権利《けんり》を保障《ほしょう》しています。

労働者の団結《だんけつ》する権利《けんり》（団結権《だんけつけん》）、団体交渉《だんたいこうしょう》をする権利《けんり》（団体交渉権《だんたいこうしょうけん》）、団体《だんたい》行動をする権利《けんり》（団体行動権《だんたいこうどうけん》・争議権《そうぎけん》）のことです。

「争議《そうぎ》」というのは、団体交渉《だんたいこうしょう》が行きづまったとき、「ストライキ」をしたり会社の前でビラを配るなど、団体交渉《だんたいこうしょう》以外の方法で、会社にプレッシャーをかけて、話し合いが進むように行動することです。

ストライキというのは、労働者がみんなで取り決めて仕事をしないことです。お店が開けなくなったり、工場が動かなくなったりしては会社は困《こま》ります。だからこそ、いざというときはストライキをするという選択肢《せんたくし》をもつことで、交渉《こうしょう》を力強く進めることができます。ストライキは、第五章で湯浅誠《ゆあさまこと》さんが話していた「ノー」と言える労働者を増《ふ》やすための、強力な手段《しゅだん》のひとつです。

このように、団体交渉《だんたいこうしょう》ではどうしても決着がつかない場合、労働組合は争議《そうぎ》を行ったり、「労働委員会」という労使紛争《ろうしふんそう》のあっせん、調停《ちょうてい》、仲裁《ちゅうさい》、不当労働《ふとうろうどう》行為《こうい》の救済《きゅうさい》などを行う国の組織《そしき》に間に入ってもらったり、裁判《さいばん》をすることもあります。

フリーター全般《ぜんぱん》労働組合の組合員D《ディー》さんは、かつて働いていた会社の給料が二か月分支払《しはら》われず、非常《ひじょう》に困《こま》っていると相談にきました。調子のよい感じのその経営者《けいえいしゃ》は、けっして「払《はら》わない」とは言わず、明日払《はら》う、来週払《はら》う、月末までには払《はら》うといって、結局支払《しはら》わないということを続けていました。二か月が過《す》ぎたとき、D《ディー》さんはその会社を辞《や》めざるをえなくなりました。

そこで、D《ディー》さんは、まず、「労働基準監督署《ろうどうきじゅんかんとくしょ》」という労働関係の行政《ぎょうせい》の窓口《まどぐち》に行きました。労働基準監督署《ろうどうきじゅんかんとくしょ》は、調査《ちょうさ》をして、その経営者《けいえいしゃ》に対し、D《ディー》さんに給料を払《はら》うようにという命令をしました。しかし、経営者《けいえいしゃ》は払《はら》いませんでした。

次に、D《ディー》さんは、裁判所《さいばんしょ》に行って、経営者《けいえいしゃ》に対し、給料の支払《しはら》いを求める裁《さい》判《ばん》を起こしました。裁判所《さいばんしょ》は、経営者《けいえいしゃ》に対し、D《ディー》さんに給料を払《はら》うようにという判決《はんけつ》を出しました。しかし、経営者《けいえいしゃ》は払《はら》いませんでした。差し押《お》さえをしようにも、会社の財産《ざいさん》とよべるようなものはなく、会社の口座《こうざ》からは、すぐにお金が引き出されてしまいます。

経営者《けいえいしゃ》がD《ディー》さんに給料を支払《しはら》わないのはもちろん違法《いほう》ですが、その罪《つみ》に対する罰金《ばっきん》より、D《ディー》さんに支払《しはら》うべき給料のほうが高かったのです。

悩《なや》み抜《ぬ》いたD《ディー》さんが、次に訪《おとず》れたのが労働組合でした。

フリーター全般《ぜんぱん》労働組合に加入したD《ディー》さんは、大勢《おおぜい》の仲間といっしょに働いていた会社に行き、経営者《けいえいしゃ》に団体交渉《だんたいこうしょう》の申し入れをしました。数回の団体交渉《だんたいこうしょう》と会社の前でのビラまき、インターネット上での宣伝《せんでん》を経《へ》て、経営者《けいえいしゃ》は、D《ディー》さんに未払《みはら》いの賃金《ちんぎん》を支払《しはら》いました。さらに、長い間支払《しはら》うべきものを支払《しはら》わず、D《ディー》さんが働き続けることをできなくしたことへの償《つぐな》いとして、解決金《かいけつきん》の支払《しはら》いも約束しました。

フリーター全般《ぜんぱん》労働組合では、毎年、メーデーなどのイベントをよびかけています。みなさんはメーデーって、知っていますか？　知らない人も多いかもしれません。毎年五月一日、労働者が国際的《こくさいてき》につながり合って、団結して要求を実現《じつげん》するためのお祭りとして、日本でも各地で、さまざまな労働者の団体《だんたい》が集会を行っています。

このメーデーなどのイベントに参加して、「活動がおもしろそうだから」とフリーター全般《ぜんぱん》労働組合に加入する人も増《ふ》えています。二〇〇八年のメーデー集会には約五百人が参加、新宿《しんじゅく》を一周するサウンドデモ（スピーカーなどを積みこんだサウンドカーから音楽を流して行うデモ）の解散《かいさん》地点では、参加者は千人弱になりました。ここ数年で、メーデーの参加者は倍増《ばいぞう》の勢《いきお》いです。

メーデーは、団体交渉《だんたいこうしょう》でトラブルを解決《かいけつ》することと同じように、みんなで協力してひとつのものをつくり上げる経験《けいけん》にもなります。また、デモで自分の言いたいことを表現《ひょうげん》することで、自分に自信を取りもどす機会にもなります。

このメーデーの集まりは、不安定な生活をしている人たちの結び目としての役割《やくわり》もあります。メーデーをつくったり参加したりする人のつながりが、助け合いの人のつながりにもなるということです。このつながりは、第五章で湯浅《ゆあさ》誠《まこと》さんがいう「ため」のひとつになるでしょう。

さらに、フリーター全般《ぜんぱん》労働組合では、二〇〇九年から、住み込《こ》みや寮《りょう》で働いていて仕事を失うと同時に住居《じゅうきょ》を失ったり、家賃《やちん》が払《はら》えずネットカフェなどで暮《く》らす仲間、生活保護《ほご》ぎりぎりの年収《ねんしゅう》で、家賃《やちん》の負担《ふたん》がつらいという仲間のために、住居《じゅうきょ》を確保《かくほ》する取り組みも始めました。

アパートを一棟《とう》丸ごと借りて、低収入《ていしゅうにゅう》の仲間に、なるべく安く貸《か》すのです。改装《かいそう》作業はできるだけ組合員の手で行い、みんなが集まれるスペースもつくります。住居《じゅうきょ》というのも重要な「ため」のひとつです。

こんな住宅《じゅうたく》が全国各地にできたら、安心して生きていけるような気がしませんか。

人から大事にされたり、認《みと》められたりした経験《けいけん》が、心の「ため」をつくるのかもしれません。正規雇用《せいきこよう》があたりまえだったこれまでは、仕事の場が、その「ため」をつくる大きな役割《やくわり》を果たしていたのでしょう。

でも、もし今、仕事の場が「ため」を生み出す場にはなりえないなら、フリーター全般《ぜんぱん》労働組合などの労働組合の場で、生きるために助け合うこと、理不尽《りふじん》を強《し》いる会社や世の中を変えていくことを通して、わたしたちなりに「ため」

をつくっていけるかもしれない。わたしは、そう思って活動をしています。

本書では、第一章、第二章を中心に、通常《つうじょう》、「働く」と聞いてイメージするのとは、少しちがった働く場を紹介《しょうかい》しました。

わたしたちは、どこかの会社に就職《しゅうしょく》するだけでなく、自分たちで仕事をつくることができます。いつもだれかの言うことを聞いて働くのではなく、働く人どうしが話し合って、働き方や自分たちの給料について決めることもできます。

働く条件《じょうけん》は会社から一方的に決められるものだと思っている人も多いのですが、今いる職場《しょくば》を働く人どうしが協力して変えることもできます。働きやすい職場《しょくば》にするように、助け合うことができます。働きやすくするのを助ける制度《せいど》があります。

労働をユニバーサルデザインなものにするための取り組み、制度《せいど》、法律《ほうりつ》について、多くの若《わか》い方に知ってほしいと思い、本書を書き進めました。

執筆《しっぴつ》中、あたたかい励《はげ》ましと的確《てきかく》なアドバイスをくださった編集者《へんしゅうしゃ》の土師睦《はじむつ》子《こ》さんに心から感謝《かんしゃ》します。
働いていても、働いていなくても、だれもが、人として大切にされていることを感じながら、生まれてきてよかった、と思って生きていけることを願っています。

二〇〇九年　二月

清水《しみず》　直子《なおこ》

参考文献

第1章　寄せ場のまちで仕事づくり

●NPO法人　寿クリーンセンター
神奈川県横浜市中区寿町4－14　寿町総合労働福祉会館1F
電話 045－633－2608

第2章 働くことを学び合いながら

●あうん(アジア・ワーカーズ・ネットワーク＝Asia Worker's Network)
東京都荒川区東日暮里1－36－10　電話 03－5604－0873
http://www.awn-net.com/

第3章　ジョブコーチは「通訳」

●「ジョブコーチは、通訳」小松邦明(『月刊社会教育』2008年10月号)
●NPO法人　ジョブコーチ・ネットワーク　http://www.jc-net.jp/

第4章 都会の人とつながってふるさとを守りたい

●NPO法人　ネイチャーランド
群馬県多野郡神流町大字魚尾137－2　電話 0274－58－2746
http://d.hatena.ne.jp/nature-land/

第5章　「セーフティネット」はすべての働く人を守る

●NPO法人　自立生活サポートセンター　もやい
東京都新宿区新小川町8－20こもれび荘　電話 03－3266－5744
http://www.moyai.net/
●『反貧困―「すべり台社会」からの脱出』湯浅誠著(岩波書店)

おわりに

●フリーター全般労働組合
東京都新宿区西新宿4－16－13MKビル2階　電話 03－3373－0180
union@freeter-union.org　http://freeter-union.org/union/
http://d.hatena.ne.jp/spiders_nest/

清水直子（しみず・なおこ）
1973年東京都生まれ。群馬県で育つ。フリーライター。フリーター全般労働組合、派遣ユニオンなどの活動に参加しながら若者の労働について執筆中。
著書に『おしえて、ぼくらが持ってる働く権利—ちゃんと働きたい若者たちのツヨーイ味方』（合同出版）、『新版 イラストでわかる 知らないと損するパート&契約社員の労働法』（東洋経済新報社）などがある。
ライター清水直子のブログ
http://shimizunaoko.cocolog-nifty.com/blog/

カバー・本文イラスト●丸山誠司
本文イラスト●おちあやこ
デザイン●諸橋藍（釣巻デザイン室）
写真提供●清水直子
図版作成●村上文

ドキュメント・ユニバーサルデザイン
自分らしく働きたい
だれもが自信と誇りをもって

2009年3月25日　第1刷発行

著者　清水直子
企画・編集　有限会社 読書工房
発行者　佐藤淳
発行所　大日本図書株式会社
〒112-0012
東京都文京区大塚3-11-6
電話 03-5940-8678（編集）、8679（販売）
振替 00190-2-219
受注センター 048-421-7812
印刷　錦明印刷株式会社
製本　株式会社若林製本工場

ISBN978-4-477-01992-5 NDC369

「ユニバーサルデザイン」という ことばを知っていますか？

もともと…

アメリカのロン・メイスという研究者が提唱したことばで
製品や建物などをデザインするときに
あらかじめいろいろな立場の人を想定し
できるだけ多くの人が使いやすいようにくふうしようという
考え方をあらわしています。

たとえば？

駅は毎日いろいろな人が乗り降りする公共の場です。
目の見えない人、見えにくい人、
耳が聞こえない人、聞こえにくい人、
車いすを使っている人、ベビーカーを押しているお母さん、
杖をついたお年寄り、妊娠している人、
日本語があまりわからない外国人…。
だれもが利用しやすい駅をつくろうと考えたとき
あなたならどんなくふうをするでしょうか。

そして！

ユニバーサルデザインという考え方は
製品や建物だけを対象にしているのではありません。
情報やサービスなど目に見えないものについても
ユニバーサルデザインを考えることができます。

ドキュメント UD

「ドキュメント・ユニバーサルデザイン」では
いろいろな立場から、ユニバーサルデザインを目指して
さまざまなくふうをしている人たちの物語をご紹介します。